「伸ばす」保育で“やりたい”がのびのび育つ

竹居 正

祥伝社

はじめに

私の初めての著書を手に取ってくださり、ありがとうございます。

東京都内でこどもヶ丘保育園の運営会社を経営している竹居《たけい》正《ただし》と申します。2012年に1つの認可外保育所を引き継いだところからスタートし、現在は都内に14園を数えるまでになりました。

最近、「なぜ、ここまで会社を大きくできたんですか？」とか、「どうやって優秀なスタッフを集められたんですか？」などと聞かれることがあります。自分でも「なぜだろう？」と考えてみたのですが、おそらく、私たちの保育理念が支持されているからだと思い至りました。その理念は、「子どもひとりひとりの個性を尊いものとして認め、伸ばす保育」というものです。

この保育理念を掲《かか》げてから、私たちの保育園には、同じ志を持つ保育士さんたちが集まってきてくれるようになりました。そのスタッフたちが理念に基づいた保育を実践し、「のびのびとした自由な雰囲気」を作りだしています。保護者の方々も「子どもが保育園に行くのを楽しみにしています」「おとなしい子だと思っていたら、保育園ではこんなに元気なんですね」と、子どもの成長を感じたり、自身の親子関係を見直すきっかけにもなっています。

「個性を認めて、伸ばす」という、一見、当たり前のような保育理念を遵守《じゅんしゅ》した結果、保育園の評価が高まったのだと思います。

一方、現在の日本の保育業界からは、あまり明るい話題が聞こえてきません。待機児童問題を受けて、都市部では保育園が急増していますが、保育の質の低下が懸念されています。昨今、保育園内での重大事故がニュースになることもあり、保護者の方々は心配されているでしょう。

私は、経営に携わりながら、現場に立って必死に保育を勉強しました。そこでたどりついた「個性を認めて、伸ばす」という理念に基づいた保育をお伝えすることで、世の中のお役に立てるのではないか。そう思ったのが、本を出すことに決めたきっかけです。

本書では、「個性を認めて、伸ばす」保育の実態や、子育てに使える「声がけ」のケース・スタディを紹介しています。今、まさに子育てに悩んでいる方、子どもの個性を伸ばしたい方に役立てていただけると思います。

また、保育士の方、保育の仕事を目指す方の参考になる内容にもなっています。同じ志を持ち、質の高い保育を目指している方に、ぜひ読んでいただきたいと思います。

のちほど詳しくお話ししますが、子どもにとって、個性を認めてもらうのは、自分の存在価値に自信を持つことに直結します。保育園に通う時期に「自分はこのままでいいんだ」「大切な存在なんだ」と思えることが、人生を前向きに、幸せに生きていくためのカギを握ります。

この本が、その第一歩を後押しする存在となることを願っています。

第2章

子どもの気持ちに寄り添う保育…45

第3章

個性を伸ばす「声がけ」をしよう…83

第4章 子どもを伸ばす保育園

ブックデザイン　井上篤（100mm design）
装画・本文イラスト　佐々木一澄

第1章

子どもの個性を、のびのびと伸ばす

子どもの「個性」、認めていますか？

少子高齢化が進行しつつある現代の日本。我が子により良い教育を授けようと、幼児教育の教室や塾などについて、熱心に質問される保護者の方が増えています。

「やっぱり英語は早く始めたほうがいいでしょうか？」

「こちらの園では、体操は教えないんですか？」

インターネットやSNSに「子育て情報」が過剰なほどあふれており、よその子と我が子を比べて焦《あせ》ってしまう人が多いのでしょう。

一方、情報があふれているだけに、「教科書どおり」にいかない我が子や自分自身にイライラを募らせ、精神的に追い詰められている人もいます。背景には、核家族化、ワンオペ育児、地域コミュニティーの希薄化などの問題もあるでしょう。それらが、幼児虐待などの痛ましい事件にも影響していると考えられます。

保育園に来られる親御さんに話を聞いても、一人で子育てに悩んでいる方が非常に多いと感じます。そう考えると、今は子育てが非常に難しい時代なのかもしれません。

そんな時代だからこそ、私たち「こどもヶ丘保育園」は、次のような保育理念を大切にしたいと考えています。それは、こんなシンプルな言葉です。

「子どもひとりひとりの個性を尊いものとして認め、伸ばす保育」

「個性を認めて、伸ばす」子育てが大切だという話は、多くの人が耳にしたことがあるでしょう。しかし、この理念どおりに実践できている方は、ほとんどいません。特に0~2歳の子どもは、理屈が通用しない「暴れん坊」なので、親御さんは毎日必死です。言うことを聞かせるのに精一杯で、我が子にも個性があるということを忘れがちなのです。

しかし、子どもは一人ひとり、違う個性を持っています。生まれたばかりの赤ちゃんでも、よく見れば一人ひとりに個性があることがわかります。その個性を、きちんと見極めて引き出すことが、保育、そして子育てをするうえで、何より大切なことだと私は考えています。

では、なぜ個性を認めることが大切なのでしょうか。個性を伸ばすと、どんな良いことがあるのでしょうか。

私が経営する保育園の取り組みを紹介することで、子育てのヒントになればと思います。

保育理念を掲げて急成長

私は東京都内14カ所で展開する「こどもヶ丘保育園」の運営企業の代表取締役を務めています。２０１２年に今の会社を引き継ぐまでは、学童保育の民間保育所を運営していました。その学童保育の運営で知り合った方から、杉並区のある保育園を譲り受けたのが、保育業界に入るきっかけでした。

その保育園は、０～５歳児を預かる認可外保育所でした。それまで乳幼児保育をした経験はありません。私は経営に携《たずさ》わりながら、ベテラン保育スタッフの方々に学び、現場に立って必死に保育を勉強しました。また、園の給食作りを一手に担い、毎日20人分の給食を作り続けました。

幸いなことに、たまたま引き継いだこの園は、とても自由でアットホームな雰囲気でした。その雰囲気の中で、現場で学んだことが、今の保育理念の根本となっています。

２０１２年当時、都内ではすでに待機児童問題が深刻化しており、小規模の民間保育所の必要性が叫ばれていました。２０１５年、「子ども・子育て支援新制度」のスタートにともない、東京都で「地域型保育事業」（市区町村の認可を受け、地域の実情に合わせて保育所が設置される。補助金あり）の事業所の認証が始まり、小規模保育事業（6～19人定員の家庭的保育に近い状態で0～2歳児を預かる保育園）の業者が募集されました。

私は保育園を譲り受けた翌年あたりからこの流れを察知しており、いち早く小規模保育事業に乗り出すことができました。都内の各自治体と協力して、新しい保育園を次々と展開していったのです。いずれも小規模保育事業所ですが、２０１８年には初の認可保育所をオープンさせました。２０１９年には、さらに6園を立ち上げ、全部で14園を数えるまでになっています。

会社が急成長を遂《と》げたことで、多数の新規スタッフが必要となりました。保育業界は今、人出不足で、民間保育所はギリギリの人数で運営しているところも少なくないと聞きます。当社では比較的余裕のある人員配置を心がけています。新規スタッフの募集には、募集人員の3倍の応募がありました。それは、

「子どもひとりひとりの個性を尊いものとして認め、伸ばす保育」という理念に共感してくれる保育士さんが集まってくるからです。

採用においては、この理念に共感して、理念どおりに実践できる人材かどうかということを慎重に見極めます。「子どもひとりひとりの個性を認め、伸ばす」ことが、保育においても、子育てにおいても、何より重視すべきことと考えるからです。

個性を発揮しづらい日本社会

子どもは「個性」という名の宝物を持って生まれてきます。この広い地球上、顔や声や、性格や仕草《しぐさ》も、どこを探しても一人として同じ子はいません。

個性とは、言い換えれば「その人らしさ」です。その人らしさをそのまま発揮している人は、輝いて見えますよね。いわゆる「キャラが立っている人」です。大人でも子どもでも、キャラが立っている人は生き生きとしていて、皆から注目されます。

しかし日本では、そのような「キャラ立ちする人」は多くありません。どちらかと言えば、社会全体が個性を殺す方向に向いているからです。

学校では、皆と同じように行動することが求められ、枠からはみ出さないのが「良い子」だと刷り込まれます。社会に出てからも、目立つ人間は「協調性がない」などと言われたり、足を引っ張られたりするので、常に周りに合わせて行動しなくてはいけません。

最近は、小中学校などで個性を発揮させるための教育が取り入れられていますが、成果が上がっている様子は見えません。「みんな同じでなければいけない」という日本社会の同調圧力が払拭《ふっしょく》されるには、まだまだ時間がかかりそうです。

保育園に通う年代の子どもたちも、同調圧力を受けているのは同じです。

「みんなと同じでなければいけない」という無言のメッセージを、日本の子どもたちは、物心がつく頃から、自然と受け取っています。

みんながお遊戯《ゆうぎ》をしているのに、一人だけ輪に入らず、地面のありんこを見ている子どもがいるとしましょう。そういう子に対して、大人は頭ごなしに「みんなと同じようにして！」「みんなできるのに、なんでできないの！」と言いがちです。そんな声がけをされ続けると、子どもは、枠からはみ出るのは「悪い子」だと認識し、「自分らしさ」を発揮できなくなります。成長して大人になっても、自分の個性がどういうものかわからず、自分らしくのびのびと生きることができないでしょう。

こどもヶ丘保育園では、子どもたちを枠に押し込めることのないように、子ども一人ひとりの気持ちに寄り添うことをモットーにしています。一人だけはずれて別のことをしている子がいても、その子がなぜそうしたいのか、理解しようとするのです。そういう大人が一人いると、子どもは保育園で安心して過ごせます。それは、「自己肯定感」という大きな財産につながります。

「自己肯定感」が生きる力を育む

「自己肯定感」とは、自分自身に対して絶対的な自信を持つこと。目に見えるものに対して自信を持つだけではなく、自分の存在価値そのものを肯定することです。

「僕は足が速いからカッコいい」とか「私は勉強ができるからすごい」などというのは、目に見える能力に対する自信です。そのような自信だけではなく、ただ自分が生きていること、自分が存在することに無条件に「価値がある」と信じられる。これが自己肯定感です。

自己肯定感があるとないとでは、人生が大きく変わってきます。たとえば、受験に失敗したとき。自己肯定感が高い子は、「まあ仕方ない、気持ちを切り替えて第二志望の学校で頑張ろう」と思えます。しかし、自己肯定感が低ければ、「自分はなんてダメな人間だ！」と絶望して、なかなか立ち直れません。

親も、先生も、友人も、勉強ができたから認めてくれたのであって、そうでない自分なんて、愛してくれるとは到底思えない。そんな考え方だから、周りの人を深く信頼することができず、人間関係もうまく築けません。「良い成績を取る」とか「良い学校に入る」といった「目に見えるもの」でしか自分の価値を認められないので、それを失った自分は無価値だと思い込んでしまうのです。

同じようなことが、人生のあらゆる場面で起こり得ます。就職に失敗したり、仕事がうまくいかなかったり、失恋したり。つまずくたびに、自己肯定感が低い人は、深く傷つき、なかなか浮上できません。極端な場合は、パニックに陥《おちい》ったり、攻撃的になったり、あるいはうつ状態になったりしかねません。ようするに、生きづらい人生になってしまうのです。

自己肯定感が高ければ、ちょっとやそっとのことでは挫折しません。落ち込んでも、やがて立ち直ることができ、次の目標に向けてチャレンジできます。自分を認めるのと同じように、他人の存在価値も認めることができ、人と温かい信頼関係を結ぶことができます。

人生を前向きに、たくましく生きる力をつけるためには、自己肯定感が必要なのです。その生きる力のことを、「非認知的能力」と呼びます。

「非認知的能力」が人生を変える

「非認知的能力」は、「社会情緒的能力」とも呼ばれ、協調性、計画性、意欲、粘り強さ、忍耐力などを指します。その範囲は明確に定まっていませんが、ＩＱや学力といった測定しやすい能力（認知的能力）以外の、「目に見えないけれど大切な生きる力」だと考えてください。

これまでは、「ＩＱが高い人ほど社会的地位が高い」とか「学歴が高い人ほど経済力がある」といったように、人生で成功するために必要なのは、認知的能力だと考えられてきました。

しかし近年、社会的地位や経済力の高さは、認知的能力の高さだけでは説明できないことがわかってきました。そこに、非認知的能力という測定不能な力が関わっていることが、数々の研究により明らかになったのです。

その先駆けと言えるのが、1962年から67年にアメリカで行なわれた「ペリー就学前プロジェクト」です。低所得家庭の3～4歳の子ども123人を2群に分け、幼児教育を施《ほどこ》したA群と、何もしなかったB群を比較した研究です。A群の子どもたちは毎日、平日午前中に教室で2時間半、週1回は教師の家庭訪問を1・5時間、教育を受け、親を対象にしたグループミーティングを毎月行ない、これらを2年間継続しました。両群の子どもたちを40歳まで追跡調査したところ、その後の人生に有意な差が出たのです。

14歳のときの基礎学力の達成率は、A群が49％、B群が15％。留年や休学をせずに高校を卒業できた子は、A群が65％、B群が45％。40歳時に年収2万ドル超の人は、A群が60％、B群が40％でした。就学前に幼児教育を受けていた人は、そうでない人に比べて、学力も学歴も、経済力も上回ることがわかったのです。

この研究は、「幼児教育の大切さ」という文脈で取り上げられることが多いのですが、肝心なのはそこではありません。幼児教育によって得られた協調性、計画性、意欲、粘り強さ、忍耐力などの非認知的能力が、子どもの将来を、人生を向上させるという事実です。つまり、より良い人生を生きるカギは、就学前に非認知的能力を身につけることにあるのです。

では、A群が受けた教育とは、どのような内容だったのでしょうか。シカゴ大学のジェームズ・J・ヘックマン教授はこう語っています。

指導内容は子供の年齢と能力に応じて調整され、非認知的特質を育てることに重点を置いて、子供の自発性を大切にする活動を中心としていた。教師は子供が自分で考えた遊びを実践し、毎日復習するように促した。復習は集団で行い、子供たちに重要な社会的スキルを教えた。（『幼児教育の経済学』ジェームズ・J・ヘックマン 著、古草秀子 訳、東洋経済新報社）

「子供の自発性を大切にする」ために、「子供が自分で考えた遊びを実践」することと。非認知的能力を育てるポイントは、ここにあるようです。

子どもの発達は「土台」が肝心

先に述べたように、非認知的能力は、自己肯定感という基盤の上に成り立ちます。「自分はこのままで価値があるんだ」という自信が根底にあるからこそ、生きる力が育《はぐく》まれるのです。

先ほどの例で言えば、「第一志望には落ちちゃったけど、第二志望の学校で頑張ろう」と前向きになれる。これが自己肯定感が高い子の特徴です。そういう子は非認知的能力が高いので、痛みに耐える力があり、意欲もあるから、失敗を乗り越えられるのです。

0歳から2歳までの乳児期は、自己肯定感を身につける時期として、特に重要です。子どもは3歳以上になると、大人との会話がおおむね成立するようになり、言うことを聞けるようになります。だから、2歳までに自己肯定感をきちんと育んでおくことが重要なのです。

2歳までに何ものにも揺るがない自己肯定感の基盤を作っておけば、叱られたとき、「自分がダメなんじゃなくて、この行為がダメなんだ」と理解できます。「どんな自分でも愛してくれる」という絶対的な自信があるから、「自分のためを思って言ってくれているんだ」と思えるのです。しつけの言葉を受け入れるキャパシティがある、といってもいいでしょう。これについては、次章でも詳しく解説します。

自己肯定感の高い子は、「お友だちに貸してあげようね」と言われれば、「あ、貸してあげるのが良いことなんだな」と受け入れて、そのとおりに行動します。すると、「こうすれば喜んでもらえるし、もっと仲良くなれるんだ」と学び、「協調性」が育まれます。

同様に、「これはあとでやろうね」と言われれば「計画性」が、「順番に遊ぼうね」と言われれば「忍耐力」が身につきます。自己肯定感という土台があるからこそ、しつけがしつけとして機能し、非認知的能力が高まっていくのです。

ところが、自己肯定感の低い子は、叱られると自分の存在自体を否定された気になり、必要以上にネガティブに受け止めてしまいます。自分が無条件で愛される存在だと信じていないから、「ママは、僕が嫌いなんだ！」「パパは、私なんかいらないんだ！」と思い込み、卑屈になってしまうのです。それでは、身につけるべきしつけが身につかず、育つべき非認知的能力が育ちません。

人間の発達をピラミッドにたとえれば、まず乳児期に、土台となる自己肯定感を築くこと。その土台が3歳までにしっかり築かれたら、上の段（幼児期：3〜6歳）にしつけを載せます。さらに上の段（就学以上：7歳以上）で「勉強」を教えれば、しつけも勉強も身につけやすくなります。

つまり、学力などの認知的能力を高める前に、まず非認知的能力を育てなければならないということです。そのためには、自己肯定感、ひいては「個性を認めて、伸ばす」という子育てが必要です。

こどもヶ丘保育園では、「個性を認めて、伸ばす」ために、スタッフの教育も含め、さまざまな取り組みを行ない始めています。その一環が、「自由保育」です。

「下から支える保育」で個性を伸ばす

「自由保育」とは、小学校の時間割のように、「○時から○時はこの遊びをする時間」と決めずに、それぞれ自由な遊びをさせる保育方針です。それに対して、全員で同じ遊びをするのを「一斉《いっせい》保育」と呼びます。

一斉保育の場合、たとえば午後2時からは「折り紙をする時間」と決めておき、全員で一斉に折り紙をします。保育する側からいえば、折り方を教えるのも、材料の準備も片付けも1回で済むので、比較的手間がかかりません。

一方、私たちの目指す「自由保育」は、一斉に同じ遊びをすることはありません。お散歩の時間は決まっていますが、室内遊びは、それぞれ好きな遊びを好きな場所でして、自由に過ごします。子どもの自主性を尊重し、個性を伸ばすためです。まさに、ヘックマン教授が語っていた「子どもの自発性を大切にする活動」です。

お絵かきをする子もいれば、積み木をする子もいる。何もしないでじーっとどこかを見ている子もいる。そんなバラバラの活動を、保育園のスタッフは注意深く見守っていて、必要があれば手を貸し、トラブルが起こりそうなら未然に防ぎます。

当然のことながら、みんなで一斉に同じことをするより、はるかに神経を使います。そのため当園では、国の基準よりも多くのスタッフを配置するよう心がけています。一人ひとりの子どもがそれぞれの個性を安全に発揮するためには、より多くのスタッフの見守りが必要なのです。これは保育に必要な「環境設定」のうち、「人的環境」を整えることに該当します。

現場の保育スタッフの他に、当社では、すべての園を巡回する「スーパーバイザー」という役職も設置しています。スーパーバイザーは、現場のスタッフの相談を受けたり、指導したり、必要があれば保育スタッフとして保育現場に入ったりもします。数年前までは、私も園を巡回していたのですが、会社の規模が大きくなった今は手が回りません。そこで、3人のベテラン保育士にスーパーバイザーを担当してもらい、コミュニケーションを密にとって全園の意思統一をはかっています。

保育園の運営効率を考えれば、一斉保育のほうが良いでしょう。しかし、私たちが目指しているのは、「下から支える」保育です。上から押さえつけるのではなく、子どもたちが主体となって活動できるように、子どもの目線になって下から支えようというのが、その骨子《こっし》です。

大人目線で遊びを提案しても、それが子どもの個性に合っているとは限りません。おもちゃ一つとっても、子どもが自ら選んで遊ぶのでなければ、自主性を尊重することにはなりません。そんな子どもの自主性を下から支えるのが、自己肯定感を育む保育のポイントです。

これは、ご家庭でもぜひ参考にしていただきたい考え方です。子どもを自由に遊ばせながら、今何を求めているか、注意深く見守ることで、子どもの個性が見えてくるはずです。

理想の保育に行事はいらない

もうひとつ、子どもの個性を伸ばすための取り組み、といいますか「取り組まない」ことを紹介します。私たちの園では、お遊戯会などの行事を、無理をしてまで行なわないことにしています。各園によって行なう行事は異なりますが、なるべく少なくするという方針は一致しています。

行事があって喜ぶのは、子どもではなく、実は保護者の方です。我が子が特別な衣装を着てお遊戯している姿を、ママやパパが見たいのです。その気持ちはわかりますが、子どもにとっては、行事はそれほど喜ばしいことではありません。特に0~2歳児は、まだ行事の意味もわかりません。そこにエネルギーを注入するよりも、日々の生活の中で、自分のペースを守って遊ぶことのほうが大切だと考えます。

また、行事があると、スタッフが過重労働に陥《おちい》りがちです。行事の前は長時間の残業が当たり前となり、家に仕事を持ち帰る保育士さんもいると聞きます。そうまでして行事を行なうのは、私は本末転倒だと思っています。

のちに詳しくお話ししますが、保育園は、子どもだけでなく、スタッフにとっても居心地の良い場所でなければならないと私は考えます。スタッフが安心して働ける職場であることが、良質な保育を提供する絶対条件だからです。だから、私たちの保育園では行事を少なくしているのです。

とはいえ、季節を感じられる遊びはできるだけ取り入れます。たとえば、5月の子どもの日が近い時期には、鯉のぼりを作れるように折り紙を用意して、折り方を見せて、教えます。

ただし、一斉保育の保育園のように、みんなで「せーの」と一緒に作るわけではありません。子どもは、鯉のぼりを作りたくなったら自分で勝手に折り始めます。

そうなると、「うちの子だけ、お友だちと同じ物を作れないかも……」と不安になる方もいるかもしれませんね。

確かに、同じ物を作れないかもしれません。しかし、それでもいいのです。

これについても、次章で詳しくお話ししましょう。

保育理念の原点はアメリカにあり

個性が大切なのは、保育園の子どもたちだけではありません。誰もが個性を発揮できて、自由にのびのびと活躍できる社会に、日本全体がなればいいと私は思っています。そう思ったきっかけは、アメリカでの経験にあります。

私は高校卒業後に故郷の青森を出て、関東の大学へ入学しました。受験勉強から解放され、親元を離れたこともあり、最初は舞い上がって遊んでいましたが、数カ月が過ぎ、新生活にも慣れた頃、徐々に違和感を持つようになります。学生生活が、想像以上に緩《ゆる》かったのです。

せっかく大学に入ったからには、自らを鍛《きた》えられる環境に身を置いて、自分自身を高めたい。そう思って私は故郷を出てきました。もともと自分を「常に向上させたい」という思いが強く、そのための努力は惜しまないタイプだったのです。

それなのに、周りの学生たちは、授業にちょっと出てギリギリで単位を取り、サークル活動をして、アルバイトをして、あとは遊んでばかり。学生生活とはそういうものだ、と多くの人は言うかもしれませんが、私には物足りず、だんだんと罪悪感も湧いてきました。ついには「ここにいたらダメになる」と思いつめ、半年で大学を中退してしまったのです。

実家に戻り、「これからどうしよう」と考えていたときに、1冊の本と出会いました。『日本の大学はやめなさい』（レイモンド・ヨシテル・オータニ 著、ほんの木）という本です。そこには、アメリカのキャンパスライフの素晴らしさが描かれていました。

アメリカでは、社会に出てから自分の稼いだお金で大学に入る人が多く、学生には明確な目的意識があるのだそうです。そのため、日本と違い、非常によく勉強するのだとか。

私は、それを読んで感銘を受けました。

「もう一度大学へ行くんだったら、アメリカに行きたい！」

そして、さまざまな道を模索したのち、20歳でアメリカのユタ大学へ進むことを決めました。日本人があまりいない環境で、ゼロから自分を鍛え直したいと思ったのです。

自由の国で学んだ個性の素晴らしさ

ユタ大学に入った私は、日本の大学とはまったく違う自由な雰囲気に圧倒されました。

授業中は、先生が一方的に講義をするのではなく、学生が積極的に手を挙げて、どんどん発言します。発言の内容いかんにかかわらず、先生もクラスメイトも、「よく言った」「良かったよ」とほめ称《たた》えます。堂々と自己主張することと、人と違うことをすることを尊重する文化が根付いているのです。

日本でも、20年以上前から小中高の授業にディベートが取り入れられていますが、あまり成果が出ていないようです。長年にわたって「和」を重んじてきた日本の風土では、堂々と自己主張する空気がなかなか醸成しないのでしょう。

もちろん、そんな日本の文化風土にも良いところがあります。「俺が、俺が」と主張するより、空気を読んで、周りの人と調和を保つところは、日本らしい優しさです。しかし、それが「個性を殺す」ことを強《し》いる風潮につながっていることは否《いな》めません。

私自身は、やはり日本人の気質が抜けきらず、授業中に他の学生ほどバンバン発言することはできませんでした。しかし、個性を尊重するその雰囲気は、とても居心地良く感じられました。気づかないうちに、横並びの日本社会に窮《きゅう》屈《くつ》さを感じていたのかもしれません。

大学の中だけではありません。街を歩けば、個性的なファッションを楽しんでいる人が目につきます。たとえば、70歳くらいの女性が、上下ともピンクの服を着て、真っ赤な口紅を塗っている。日本だったら、「なに、あの人、いい年して……」と後ろ指をさされるところですが、アメリカでは誰も気にしません。年齢や性別、人種に関係なく、誰もが自分の好きな服を着ていて、人とは違う個性を尊重し合っているのです。

そんな光景を目《ま》の当たりにして、私はつくづく思いました。

「ああ、いいなあ、個性を発揮できる社会って！」

そして「いつか、自分の力であんな自由な雰囲気の場所を作りたい」と思うようになっていき、やがては「自分で事業を興《おこ》す」という夢にかたちを変えていきました。

子どもがのびのびと過ごせる環境を

ユタ大学を卒業して帰国した私は、起業するという夢に向かって、いろいろな職業を経験しました。事業者として学童保育所を立ち上げたのは、30代前半の頃です。それが縁で、保育園の運営を譲り受けたのは、先に述べたとおりです。

最初はとにかく毎日必死で、「どういう保育園にしたいか」「保育理念はどうするか」などを考える余裕がありませんでした。でも、だんだん慣れてきて、他の保育園に見学に行ったりしているうちに、ある思いが湧き上がってきました。それは、「子どもたちがのびのびと自由に過ごせる環境を作ってあげたい」という思いです。

他の園に見学に行くと、給食の時間、子どもたちがにぎやかに騒ぎながら食べているところもあれば、行儀《ぎょうぎ》よくおとなしく食べているところもあります。普通に考えれば、行儀よく食べている園を見習うべきでしょう。

しかし、よく見てみると、行儀よく食べている園には、どことなく緊張感があってぎこちない雰囲気があります。一方、にぎやかに騒ぎながら食べている園では、お行儀は悪いけれど、子どもたちがのびのびと楽しそうです。

さらに観察を続けると、行儀よく食べている園では、子どもたちをしつけるための保育士の言葉が厳しいことがわかりました。「給食の時間は立ち上がっちゃダメでしょ！」「ちゃんとスプーンを持って！」「食べ物で遊んじゃダメ！」……こういった言葉に、子どもたちは怯《おび》えているように見えました。

お行儀は大切ですが、厳しい言葉に、子どもは恐怖を感じてしまいます。まだ言葉がわからない乳児であれば、なおさらです。叱られるのが怖いから、言われたとおりにおとなしくはするものの、そこに食べる喜びはありません。

それなら、落ち着きはなくても笑っている子、食べ物をこぼしちゃうけれどおいしそうに食べている子のほうが、「楽しそうでいいなあ」と私は感じました。こんなふうに、のびのびと自由に過ごせる環境こそが、私が提供したかったものだ」と、そこで気づいたのです。

アメリカでも感じたことですが、「自由な自分」を認めてくれる環境があれば、人はストレスなくのびのびと過ごせます。「自由な自分」とは、言い換えれば「個性を発揮できている自分」です。のびのびと個性を発揮できる環境にあれば、その人の良さがますます生きてきます。それは、自分の存在への自信につながり、生きる力を育む源になるでしょう。お行儀はそのあと身につけても十分間に合います。

そんな個性を伸ばせる環境を作るためには、どうすればいいのでしょうか？

次章で考えてみましょう。

第2章

子どもの気持ちに寄り添う保育

自由保育が個性を伸ばす

前章では、「子どもひとりひとりの個性を尊いものとして認め、伸ばす」という、こどもヶ丘保育園の理念を紹介し、個性を伸ばすことの意義を説明しました。本章では、そんな私たちの理念に基づいた「個性を伸ばす子育て」の工夫をお話ししたいと思います。

前章でも述べたとおり、私たちの保育園では、子どもたちを自由に遊ばせる「自由保育」を目指しています。全員で同じ時間に同じことをさせる「一斉保育」と違い、子どもの自主性に任せてバラバラに活動をさせる保育方針です。この自由保育に、「個性を伸ばす子育て」のヒントが詰まっています。

子どもを自由にのびのびと遊ばせたい。その思いは、どの親御さんも同じでしょう。しかし、自由に遊ばせるからには、大人は常に子どもの行動に注視していなければなりません。その子が今、何をしたいのか。何に興味があるのか。そして何を大人にしてほしいのかを見極めて、必要とあらば手を差し伸べるのです。見ていてほしいのか、抱っこしてほしいのか、それとも応援してほしいのか、言葉をかけてほしいのか。まだ自分の気持ちをうまく表現できない子どもの気持ちを察するのは、簡単ではありません。

八時間勤務の保育スタッフであれば、八時間、休むことなく子どもを見守り続けて対応します。かなり神経を使う、消耗する仕事といえるでしょう。

なぜそんな大変なことをするかというと、子どもの気持ちに寄り添うためです。子どもは、「自分の気持ちをわかってくれた」「受け入れてもらえた」と思うと安心します。保育園であろうと家庭であろうと、安心して過ごせる場所があることが、乳幼児期には何より大切なのです。

そのために、保育スタッフは常に子どもを観察し、考えています。この子は今、どんな気持ちなんだろう？　どうして泣いているんだろう？　何がそんなに楽しいんだろう？　そうすることで、子どもの気持ちに寄り添った対応ができるのです。

「頭ではわかっているけど、無理！」と思われるかもしれませんね。確かに、言葉が通じない「暴れん坊」の気持ちに常に寄り添うのは難しいものです。

そこで、私たちが実践している「下から支える保育」の工夫をお話ししましょう。ご家庭の子育てに、ぜひ生かしていただきたいと思います。

やりたいことを、やりたいときに

自由保育の良いところは、子どもの自主性が尊重されることです。大人の都合で決められた時間に、大人が設定したとおりに遊ばせるのとは違い、子どもが自分のペースで、のびのびと過ごせます。子どもが自ら遊びを発明し、夢中になることで、創造力や集中力を育むこともできます。

前章でも挙げた例ですが、たとえば子どもの日にちなんだ体験をさせたいとき。私たちの園では、スタッフが「さあ、鯉のぼりを作りましょう」というように、大人から声がけをすることはありません。ただ、きっかけは必要なので、子どもたちの前で折り紙を鯉のぼりの形に折って見せます。すると、だいたい誰かが「それ何？　やってみたい！」と食いついてくるので、「いいよ、やってみる？」と言って教えてあげます。そうなると、周りの子たちも「何やってるの？」と集まってきて、鯉のぼりづくりの輪が広がります。

もちろん、その輪の中に入らず、別のことをしている子もいます。そういう子は、無理に作らなくてもいいのです。次の日に作りたくなるかもしれないし、1カ月後に作りたくなるかもしれない。たいがいは、他の子が作った鯉のぼりが1個ずつ壁に貼られていくのを見て、「僕も作りたくなっちゃった」と言い出します。1カ月くらいのスパンをもって、自主的に動き出すのを待つことにしています。

これが、「もうすぐ5月5日だから、今日中に作っちゃおう」と言ったらどうでしょうか。そのときに作りたくない子がいても、「この時間までに作っちゃって」と無理やりやらせることになります。その子は「他のことがやりたかったのに、先生はわかってくれない」「自分のやりたいことを、やりたいって言っちゃダメなんだ」と思い、自分の気持ちを押し殺すようになってしまうかもしれません。そんなふうに、大人の都合に添わせることが、果たして子どもの個性や自主性を伸ばすことにつながるでしょうか？

子どもには、一人ひとり違う個性があり、ペースがあります。それを尊重することが、個性を伸ばす子育ての第一歩です。団体行動をすることの教育的効果というものも、もちろんありますが、それは就学後からでも十分だと私たちは考えています。

遊びの時間だけではありません。散歩や給食、昼寝は、当園でも時間が決まっていますが、「今はその時間だから」と無理やり従わせるのではなく、子どもの気持ちに寄り添って進めています。

みんなで一斉に散歩や食事、昼寝をすることには、子どもの生活リズムを整えるという意味があります。そのため、嫌がる子には、気持ちに寄り添いながら、行動をうながす「声がけ」をします。これについては、あとで詳しくお話ししましょう。

子どもを「発明家」にする環境づくり

鯉のぼりにしても、クリスマスの飾りにしても、当園では子どもたちが作りたいと思ったときに取り組めるような、「環境設定」を取り入れ始めています。前章でお話しした「人的環境」に加えて、「物的環境」も整えているのです。

幼児クラスでは、教材棚というキャビネットがあり、ガムテープやビニールテープ、毛糸、ラシャ紙、梱包材など、危険でない物は常に置いてあります。そこにある物なら、子どもはいつでも使っていいことになっています。保育スタッフに頼まなくても、自分で勝手に取り出せるわけです。

自由に材料や道具を取り出せる環境を用意しておくと、子どもはオリジナルの作り方を発明します。たとえば、プチプチの梱包材で鯉のぼりを作りたいと言う子。そういう子がいたら、まず発想を認めてあげます。

「先生、これってウロコに似てない？」

「へえー、すごい発見したね！」

他にも「クレヨンでウロコを書きたい」とか「絵の具で色をつけたい」など、いろいろな発想が出てきます。先生が見本を作ったから、といって、みんなが同じように作る必要はありません。子どもは、ひらめいたままに、自由に制作をします。実際、当園の壁に貼られている制作物は、形も色もバラバラで、一つとして同じものはありません。

色画用紙で消防車を作ったときは、ほとんどの子が赤でしたが、ピンクの消防車を作った子が一人いました。保育園によっては、赤い紙しか用意せず、なるべく実物に近いものを作らせるそうです。「消防車は赤だよね」「タイヤは4個だよね」と、教育するためだと思いますが、当園は違います。

「そうか、ピンクの消防車があってもいいよね」

「ステキな色を思いついたね」

このように声をかけて、子どものアイデアを認めるのです。一人ひとりの個性と創造性を大事にしたいから、現実とは違う形や色でも、訂正することはありません。

子どもだけで創造するのが難しい場合は、スタッフがきっかけを作ります。散歩に行ったとき、子どもが松ぼっくりやドングリを拾ってきたら、「この松ぼっくりを使って、何か作りたい？」と子どもに投げかけます。子ども自身に考えさせて、子どもを発明家にするのです。押しつけにならない程度にきっかけを作り、子どもの「やってみたい」という意欲を引き出すことがポイントです。

そのとき、松ぼっくりで作ったリースが飾ってあれば、「先生、玄関に飾ってあるのと同じリースが作りたい」と言ってくる子もいます。そこで「この本に載ってるけど、どれを作りたい？」とか「何があったらできる？」などと言って、子どもに選択肢を与えます。すべて大人が先取りするのではなく、子どもの自主性を尊重することが大切です。

そのために、いろいろな素材や道具、作り方の本などを用意し、いつでも子どもが手に取れるように置いておきます。こういう保育の環境設定は、ご家庭でも参考になるのではないでしょうか。

子どもの興味を妨げない

物的な環境設定でもうひとつ大切なのは、子どもの発達に応じたおもちゃを置いておくことです。同じ2歳児でも、12ピースのジグソーパズルが精一杯という子もいれば、46ピースでも余裕でできる子もいます。子どもによって達成感を得られるレベルが違い、得手・不得手もあるのです。

なおかつ、一人ひとり個性が違い、興味の対象が違います。保育園では、さまざまな発達段階に合わせたおもちゃを用意していますが、ご家庭では、まず子どもの個性と発達段階を見極めることが必要です。

「今、この子が興味のあるものは、なんだろう？」「達成感を得られるのはどれだろう？」と考えて、適正なものを手が届くところに置いておく。そうすることで、子どもが興味のあることに集中でき、個性や能力を伸ばすことにつながります。

なかには、いろいろなおもちゃに次々と手を出しては、すぐに投げ出してしまう子もいます。その様子を見て、「うちの子は飽きっぽくてダメなんです」

とおっしゃる親御さんもいますが、もしかしたら興味があるおもちゃがなく、「これも違う、あれも違う」と探しているのかもしれません。その子が何に興味があるのか、どれくらいのレベルなら達成感を得られるのか、よく観察する必要があります。

逆に、「うちの子、粘土にしか興味を示さないんです」という場合もあります。今のその子にとっては、粘土をこねているのが最高に楽しい時間なのでしょう。十分に遊んで満足すれば、たいてい別のおもちゃに興味が移ります。

子どもは一人ひとり「沸点」が違います。十分に満足して「沸点」に達するまでに1週間の子もいれば、1カ月の子もいます。その子が満足するまで、思う存分遊ばせてあげるのが正解です。

また、子どもが自分で粘土を手に取れる環境を準備してあげることも肝心です。自分で「粘土を取って」と言えない子も、なかにはいます。自分がやりたいときに、いつでも自分で手に取れるという物的環境が整っていれば、その子はやりたいことをやりたいときにできて、個性や自主性を伸ばすことができるでしょう。

我が子の短所は、立派な個性

おもちゃを次々と取り替える子は、大人の目から見れば「飽きっぽい」という評価になります。しかし、本当にそうでしょうか？

次々と違うおもちゃで遊ぶのは、短所としてとらえれば「飽きっぽい」のでしょうが、良く言えば「好奇心旺盛」です。気に入ったおもちゃがないのかもしれませんが、もしかしたら「このおもちゃは、どんな動きをするんだろう？」「どんな音がするんだろう？」と、次々と興味が湧いて確かめているのかもしれない。その旺盛な好奇心を伸ばしていけば、将来は大発明をするかもしれません。

あるいは、いろいろなおもちゃの感触や、放り投げたときの音を楽しんでいるのかもしれません。次々と手に取っては放り投げることじたいが、遊びになる時期もあるのです。

いずれにしても、「飽きっぽくてダメな子だ」と思うのは間違いです。大人の目線で一概に「短所だ」と判断するのではなく、「これがこの子の個性なんだ」と認めてあげることが大切です。

一つのおもちゃで延々と遊んでいる子も同じです。短所と見れば「好奇心が乏《とぼ》しい」「興味が偏《かたよ》っている」ですが、長所と見れば「集中力がある」「根気がある」「探求心がある」です。その個性を妨げず、存分に集中させてあげれば、将来は学者になれるかもしれません。

子どもというのは、本当に一人ひとりまったく違います。100人いれば、100通りの個性があります。保育園でも、とにかくよく泣く子もいれば、全然泣かない子もいますが、泣く子を「困った子」「手のかかる子」と決めつけるのは、大人の勝手な見方です。

よく泣く子は、「感受性の強い子」ということもできます。逆に、泣かない子は、実は泣くのをガマンしていて、自分の気持ちが出せないのかもしれません。実は泣かない子のほうが要注意かもしれないのです。

すべての子どもがのびのびと個性を発揮するためには、一人ひとりの気持ちに寄り添う「声がけ」が必要です。

子どもの気持ちに寄り添う「声がけ」

子どもの気持ちに寄り添い、個性を伸ばすためには、大人はどのような声がけをすればいいのでしょうか。

たとえば散歩に行く時間なのに、一人だけ靴を履かずにグズグズしている子に、こんなふうに問いかけます。

「どうしたの？　お散歩行きたくないのかなあ」

「今日はあれがしたいのかな？」

「先生、こう思ったんだけど、合ってる？」

子どもと目線を合わせて声をかけることがポイントです。そうすることで、次のようなメッセージを伝えることができます。

「私は、あなたの気持ちをわかってあげたいんだよ」

「あなたの気持ちを尊重しているよ」

「あなたに関心があるんだよ」

こういうとき、「靴を履かなきゃダメでしょ」「お散歩に行けないよ」などと言ってはいけません。子どもの気持ちを無視して、大人の都合を一方的に押しつけることになってしまうからです。それでは、「下から支える保育」ではなく、「上から押さえつける保育」にしかなりません。

親でも保育スタッフでもいいのですが、大人が「あなたは大事な存在だよ」

というメッセージを伝え続けること。これが、子どもの発達においては非常に重要です。子どもは「自分の気持ちに寄り添ってくれた」「やりたいことを尊重してくれた」と感じることで、「自分は大事な存在なんだ」「価値があるんだ」と思えます。それが、「生きる力」のもととなる自己肯定感につながるのです。

そのうえで、みんなと一緒に散歩をさせるためには、「じゃあ、お散歩から帰ってきたら、一緒にこれをやろうか」とか「みんなが、○○ちゃんと一緒にお散歩行きたいって言ってるよ」などと声がけをします。それでも嫌がる場合は、無理に連れていくことはせず、他のクラスの先生にお願いして一緒に過ごしてもらったりします。

子どもが散歩に行きたがらないのは、その子なりの理由があるはずです。子どもは、大人と違い、それをうまく説明できません。にもかかわらず、「今はこれをする時間なの」「みんなできてるのに、なんでできないの?」などと責められると、子どもは余計に行きたくなくなってしまいます。

そこで、ぐずったり暴れたりするなら、まだいいのです。何も言わずに、黙って従っている子が、実は一番心配です。その子の中では、自己肯定感の代わりに「自分なんて、どうでもいいんだ」という無力感が育っているのではないでしょうか。それでは、意欲や好奇心、協調性、忍耐力といった生きる力、非認知的能力が芽生えにくくなってしまいます。

叱るより、気持ちを受け止める

ひと昔前の日本では、子育てとは、ほぼ「しつけ」と同義だと考えられていました。しつけをするからには、ときに厳しく叱らなくてはいけない。厳しくするのは、親が子のためを思っているからこそ。大人になって恥ずかしい思いをしないように、嫌がっても言うことをきかせなければ……。これが、昔の子育ての常識です。保育業界のベテラン保育士さんの中にも、今でもそういう考え方の人がいます。

しかし、今はしつけだけではなく、子育てで一番大切なのは、子どもの気持ちに寄り添って、自己肯定感を育てることだという認識が広まってきたのです。

現代では、「そんなこと知ってるよ」と言う人のほうが多いでしょう。しかし、保護者の方に話を聞くと、「むやみに叱っちゃいけないと思っても、つい叱ってしまう」という人がほとんどです。

叱ることが悪いわけではありません。ルール違反やマナー違反、危険なことをしたときなどは、子どもの年齢に応じた言葉で、きちんと伝えることが大切です。ただ、叱り方には注意が必要です。

「こうしなさい」「やめなさい」というように、大人から子どもへ、一方的に押さえつけるような言葉で叱るのは、子どもの個性を尊重した叱り方とは言えません。

いわゆる「悪いこと」をしたときには、いきなり「ダメでしょ！」と言うのではなく、「どうしてこうしたの？」と、まず子どもの気持ちを聞き出そうとするのが正解です。

たとえば、お友だちに向かって積み木を投げてしまったとき。「どうして投げちゃったのかな？」「お城を壊されちゃったから嫌だったのかな？」などと問いかけ、気持ちを聞き出します。

もちろん、危険な状態であれば、まず身をていして安全を確保します。子どもを常に見守っていれば、だいたい「あ、やりそうだな……」と予想がつき、未然に防げます。

そうして安全を確保しながら、子どもが「◯◯ちゃんが僕の積み木を取っちゃった」と言えば、気持ちを受け止めて、言葉にします。

「そう、そうだったの。悲しかったね」

「それは嫌だったよね」

このように共感していることを言葉で示すと、子どもは「わかってもらえた」と思い、だんだん落ち着いてきます。しつけをするなら、そのあとです。

「積み木を投げると、ケガしちゃうかもしれないから、やめようね」

「○○ちゃんも遊びたいんだって。１個貸してあげようか」

「こうしなさい」「ああしなさい」と命令するのではなく、提案というかたちで、子どもの気持ちに寄り添った言い方をするのです。これが「下から支える保育」の特徴です。

多くの親御さんは、子どもが「悪いこと」をすると、「こら！　ダメでしょ」と怒ります。しかし、子どもが「悪いこと」をするのには、必ず理由があります。もしかしたら、さびしいから、認めてもらいたいから、わざと悪いことをしているのかもしれない。にもかかわらず、理由も聞かずに頭ごなしに叱ると、子どもは深く傷つきます。

「ママは、私の気持ちをわかってくれない」

「パパは、僕の気持ちなんてどうでもいいんだ」

こう考えて、自己肯定感を持てなくなるでしょう。

また、いつもこのような言葉で叱られている子は、叱られないためにウソをつくようになります。叱られたくないから、大人に隠れて悪いことをするようになるのです。小学生や中学生になると、先生が見ていないところでいじめをするようになってしまうかもしれません。

だから、子どもを叱るときは、頭ごなしに叱るよりも、気持ちを丸ごと受け入れることのほうが大切なのです。

子どもの「安全基地」になろう

「悪いことをしても受け入れる」とか「やりたいことを、やりたいときにやらせる」などと言うと、「甘やかしすぎでは？」と不安に思う方がいるかもしれませんね。

「なんでもOK」というのはただの「甘やかし」ですが、「甘えたい気持ちを受け止める」のは、それとは違います。「甘えたい気持ちを受け止める」ことは、特に乳幼児期の子どもには、絶対に必要です。

それは、「アタッチメント」を築くためです。

「アタッチメント」とは、発達心理学の用語で、主に母と子の心理的な結びつきを指します。簡単に言えば、深い愛着を伴った信頼関係のことです。

特定の相手とアタッチメントを築くことができれば、子どもは心から安心して過ごせます。「何があっても、どんな自分でも、この人は受け入れてくれる」と思える存在がいれば、子どもは、いや大人だって、安心してのびのびと過ごせるでしょう。そんな絶対的な安心感を持つことが、人格の基盤が形成される乳幼児期には、とても重要です。

アタッチメントの相手は、母親に限らず、父親でも、他の大人でも構いません。家庭の中に誰か一人、子どもにとって心から安心できる相手がいて、何かあったら逃げ込める「安全基地」があることが大切なのです。安定的なアタッチメントがあれば、子どもの情緒は安定します。それは、人格が健全に形成され、能力を伸ばすことにつながります。

そのために、少なくとも3歳未満の乳児期は、基本的に子どもを丸ごと受け入れて、思いきり甘えさせてあげることを心がけてください。子どもが甘えてきたり、不安になったりしていたら、ギュッと抱っこしてあげてください。子どもを安心させるためには、肌と肌のふれあいがとても効果的です。

かつては、「抱き癖がつくから、あまり抱っこをしてはいけない」という説が信じられていました。しかし、抱き癖がついて何が悪いのでしょう？　甘えたい時期に、思いきり甘えさせてあげてこそ、子どもは絶対的な安心感を持てるのです。

私たちの園でも、保育スタッフに、「たくさん抱っこしてあげてください」

と指導しています。保育園も、家庭と同じように、子どもが心から安心できる場所であるべきだと考えているからです。

3歳未満に「しつけ」はいらない

アタッチメントを築くうえで、抱っこの次に大事なのは、気持ちに寄り添った声がけです。とはいえ、3歳未満の乳児期は、まだ言語コミュニケーションが成立しにくく、良いこと・悪いことを区別できるような発達段階にありません。私たち大人は、ついそれを忘れて、「これはダメよ」「あれはやめて」などと言いがちですが、その時期はしつけをしても意味がないのです。

乳児期の子どもでも、「快」「不快」という感覚はあります。生まれて間もない赤ちゃんでも、オムツが濡れたときやお腹がすいたときには泣いて、不快な気持ちを表わしますよね。そこから成長するにつれて、怒り、恐れ、嫌悪などの感情が分化していきます。

2歳までは、まだ感情が細かく分化していない段階です。そこでしつけをしたり、厳しく叱ったりしても、なぜ厳しくされているかわかりません。わからないながらも、不快な気持ちだけは心の中に蓄積されていきます。

「なんでいつもママはカリカリしているんだろう?」

「どうしてパパは怒鳴《どな》ってばかりいるんだろう?」

そういう不快が積もり積もると、だんだんと自分の気持ちを押さえるようになり、いつか爆発して、家庭内暴力などの問題を起こすおそれがあります。だから、3歳未満の子どもには特に、理屈抜きで気持ちに寄り添ってあげることが大切なのです。

その時期の子どもは、たとえば、よく食べ物の入ったお皿を引っくり返したり、おもちゃの入った箱を逆さまにしたりするでしょう。あれは、中身がザーッと出るのを楽しんでいるのです。遊んでいるのです。

せっかく作ったご飯や、せっかく片付けたおもちゃをテーブルや床にぶちまけられたら、思わず「なにやってんの!!」と怒りたくなりますよね。でも、その子はまだ「なぜ怒られているのか」がわからないわけです。大人の理屈でもって「これはダメ」と教えても、子どもには通用しません。怒られたら、ただ「怖い！」としか思わず、「やりたい気持ちを受け入れてもらえない」という不満が残るだけ。しつけにならないどころか、自己肯定感を損《そこ》なうことにしかなりません。

前にもお話ししましたが、０～２歳までの乳児期は、自己肯定感というピラミッドの土台を作る大切な時期です。この時期は、「しつけをしなきゃ」などと考えず、子どものやりたいことを、やりたいときにさせてあげて、子どもの存在を丸ごと認めてあげましょう。たとえ「悪いこと」をしても、叱るのではなく、子どもの気持ちに寄り添うことを考えてください。

そのうえで、「こういうことをされると、ママは悲しいよ」と伝えます。「あなた（YOU）がしたことはダメ」と言うのではなく、「私（I）は悲しい」と、「私」を主語にして言うことがポイントです。「こうしなさい」と上から押さえつけるのではなく、「私は」と気持ちを伝えることで、相手は受け入れやすくなります。これは「アイ・メッセージ」というコミュニケーション手法で、大人同士でも有効です。乳児期の子どもでも、目をしっかり見て伝えれば、「ああ、これはいけないことなんだな」と気づきます。

しつけに入るのは、そうしてしっかり子どもの存在を受け止めて、自己肯定感という土台を強固に築いたあとです。

子どもの発達段階を見極める

3歳ぐらいになると、言語能力が格段に発達し、物事の道理がわかってきます。物の貸し借りや順番、時間、約束を守るなどのルールを理解できるようになるのです。そうなると、しつけをする意味が出てきます。

たとえば、「おもちゃを出しっぱなしにしてはいけない」というルール。「他のお友だちが遊ぶスペースがなくなる」とか、「散らかったままだとケガにつながる」などという理由がわかるので、「これは片づけてから次の遊びをしようね」という声がけを受け入れられます。

ただ、発達のスピードは子どもによって違います。「3歳ぐらい」と言いましたが、2歳で「貸ーしーて」「あーとーで」を理解できる子もいれば、4歳でもわからない子もいます。厳密に年齢で線引きするのではなく、子どもをよく観察して、その子の発達段階に合った対応をしなくてはなりません。

そうでなければ、まだルールがわからない子どもを叱ってしまい、子どももなぜ叱られるのかわからなくてストレスになるし、大人も「なんでわからないの？」とイライラしてしまいます。この子は、今どういうことが理解できて、どういうことが難しいのか。それがわかれば、お互いにイライラを一つ減らすことができます。

保育園に通っているお子さんなら、連絡ノートや、保育士との会話のときに、「こういうことができなくて困ってるんです」と相談してみるといいでしょう。保育士は、「そこまで理解するのは、もう少し先かもしれませんよ」とか「こういうことはわかるけど、ああいうことはまだわからないみたいです」など、その子に合ったアドバイスをくれるはずです。すると、「そうか、うちの子はまだなんだ」と腑《ふ》に落ちて、「じゃあ怒ってもしょうがない」と落ち着けます。

また、日によって、普段できることができなくなることもよくあります。「この子はもう靴を履ける」と思っていると、「なんで今日は履かないの？　ワガママ言わないで！」とイライラしてしまうことがあるでしょう。1回できたからといって、「もう大丈夫」と思い込まないことが肝心です。

そもそも、子どもというのは、本来、自己中心的でワガママなものです。大人の都合は関係なく、自分が何をしたいか、大人に何をしてほしいか、この二つしか行動原理がありません。

今、「子どもが言うことを聞いてくれない」とイライラしている方は、「子どもってそういうものだよね」と諦《あきら》めてみませんか？　そうすれば、もっと楽になれるはずです。

「怒る」のをやめて、上手に叱る

近年、親から子への激しい虐待がたびたびニュースになりますが、よく聞かれるのが、「しつけのつもりだった」という親の言い分です。もちろん当たり前のことですが、子どもを怒鳴りつけたり暴力を振るったりするのは、しつけでも何でもありません。そこまでひどくなくても、つい感情的になって強い口調で叱ってしまうのは、逆効果にしかなりません。

よく言われることですが、「叱る」と「怒る」は違います。「叱る」のは相手により良い方法を示すためですが、「怒る」のは自分が感情を発散するためです。感情的に怒りをぶつけられても、子どもは恐怖を感じるばかりで、何をどうすればいいのかわかりません。ましてや、「この人は自分に寄り添ってくれる」とは思ってくれません。

一方、感情的でなくても、恐怖心を植えつけるような叱り方をする人をときどき見かけます。怖い顔をしたり、怖がらせるようなことを言ったりすると、確かに子どもは言うことをよく聞きます。「早く寝ないと、お化けが出るぞ〜」という、あれですね。こういう恐怖心をあおる言い方をすると、子どもはただ「怖いから、仕方なく言うことを聞く」だけで、「自主的に早く寝るようになる」という本来の意味でのしつけになりません。

「全部食べなくちゃ果物を食べられないよ」とか、「早く靴を履かなくちゃお散歩に行けないよ」などという「条件づけ」の言い方も同じです。子どもは、自分がしたいことのために「仕方なくやる」だけ。交換条件で言うことを聞いているだけで、意欲や自主性が身につくことがありません。

それよりも、「どうして食べたくないの？」「なんで行くのが嫌なの？」と、その子の気持ちにフォーカスすることです。その際、感情的な強い口調にならないように、かといって事務的にもならないように、優しい口調と温かいまなざしをもって語りかけることが大切です。大人でも子どもでも、これは信頼関係を作る基本です。

子どもの行動の裏には、隠された思いがあるのかもしれません。目に見える姿だけで「ふざけているな」とか「目立ちたいだけだな」などと決めつけるのではなく、そこに隠された思いに共感してあげることが大事なのです。

そのうえで、愛情を持ってより良い方法を示す。そんな叱り方をしたいものです。

小さな達成を認めてほめる

叱り方も大事ですが、子どもの自己肯定感を育てるためには、ほめることが一番です。こう言うと、「うちの子は、ほめるところがないんです」と言う方もいます。そういう方は、子どもに求めるレベルが高すぎるのではないでしょうか。

そこで、「スモールステップ・スモールサクセス」という言葉をお伝えしたいと思います。

「スモールステップ・スモールサクセス」とは、95%達成可能な小さな目標を設定し、少しずつ段階的に目標を上げていくことで、最終的な目標に到達しやすくする方法です。いきなり「フルマラソンを完走しよう」と目標を掲げても、達成するまでの道のりが長すぎて、途中で挫折してしまいますよね。「まずは5キロ」と低い目標を設定すれば、少し頑張るだけで達成できて、自信がつきます。そうすれば、やる気が出て、「次は10キロ」、「20キロ」……と目標を上げていくことができ、最終目標に近づいていきます。

このスモールステップ・スモールサクセスの手法は、子育てに役立ちます。たとえば、子どもに「ご飯を全部食べてほしい」と思っていたけれど、ほとんど残されてガッカリ……。そんなときは、ほめる気持ちにはならないかもしれません。

しかし、そんなときでも、いや、そんなときこそ「小さな達成」を探して、ほめるのです。

「今日はご飯の間、ずっと座っていられたね」

「ちゃんと『いただきます』が言えたね」

「果物は全部食べられたね」

「そんなことで?」と思うような些細なことでも、少し前はできなかったはずできなかったことより、できたことにスポットを当てれば、ほめるところがたくさん見えてきます。そういう小さな「できたこと」を毎日ほめてあげれば、子どもは小さな達成感をたくさん得ることができ、自信を持てるようになります。

自信を積み重ねていけば、「もっと頑張ろう」と意欲が湧いたり、「これはちょっとガマンしよう」と自制心が働いたりします。スモールサクセスを繰り返すことで、自己肯定感が高くなり、非認知的能力が芽生えるのです。

そうなってくると、失敗しても簡単に挫《くじ》けることなく、頑張れる子になります。運動会で転んでしまったとしても、立ち上がって最後まで走り抜ける。積み木のお城が崩れても、諦めずに最初からコツコツと作り直せる。このような「生きる力」が、スモールステップ・スモールサクセスによって身につくのです。

ただし、ほめ方にも注意が必要です。あまり頻繁にオーバーにほめると、「ほめられなければやらない」という子になるかもしれません。また、他の子の前で「すごい！」「えらい！」などと大声でほめると、子どもは「あの子より私のほうがすごいんだ」「あの子はえらくないんだ」と、比べるようになってしまいます。

ほめるときは、普通の声量で、「自分で靴を履けたね」「全部食べられたね」などと、事実を伝えるようにしましょう。愛情を込めた温かいまなざしで言葉をかければ、大げさに言わなくても、子どもは「認めてもらえた」と感じ、達成感を得ることができます。

小さなことでもほめられると、子どもは「自分のことを見ていてくれるんだ」と思えます。そうすれば、心から安心して、自分らしくのびのびと過ごせます。その子らしい個性を発揮させるために、ぜひ上手な声がけを実践してください。

第3章

個性を伸ばす「声がけ」をしよう

私たちの保育理念、「子どもひとりひとりの個性を尊いものとして認め、伸ばす保育」の基本的な考え方をお伝えできたでしょうか。ここからは、理念に基づいた子どもへの「声がけ」を、よくあるシチュエーションごとに紹介します。

声がけの事例を考えたのは、当社のスーパーバイザーたちです。ベテラン保育士であるスーパーバイザーたちが、実際に保育の現場で日々行なっている声がけを、ご家庭でも生かしていただきたいと思います。

なお、ここに紹介する声がけは、特に記載のない場合、おおむね3歳未満が対象です。とはいえ、あくまで目安なので、お子さんの様子をよく観察して、「これは言葉で言ってもまだわからないかな」とか「うちの子はもう少し踏み込んで言っても大丈夫かな」などと、適宜「さじ加減《かげん》」をしてお試しください。

1．朝、保育園の前でギャン泣き

保育園に通い始めたばかりの子どもは、朝、送ってきたママやパパと離れるときに、「ギャー!!」と泣いてしまうことがよくあります。そういうとき、後ろ髪を引かれながらも、心を鬼にして急いで立ち去る人が多いでしょう。しかし、適切に言葉をかけると、子どもを安心させたり、納得させたりできます。

さあ、どんな声をかけますか？

△「ねえ、泣かないで。先生が困ってるでしょ？」

△「ごめんね、ママが一緒にいられなくて……」

←

○「そうだよね、悲しいよね。わかるよ」

◯「お仕事が終わったらちゃんと帰ってくるから、それまでここで待っててね」

きちんと言葉で伝えることで、子どもに安心感を与える

子どもはママやパパと離れることが不安で、怖くて泣いているのです。にもかかわらず、「泣かないで」などと言われると、子どもは「自分の気持ちを全然わかってくれていない」と思い、余計に悲しくなります。ましてや、「先生が困ってるでしょ」などと言われると、「自分は悪い子なんだ」と思い、自己肯定感を持てなくなってしまいます。

一方、泣いている子どもを置いていく罪悪感にかられて、「ごめんね」と謝る親御さんもいます。が、悪いことをしているわけでもないのに、謝る必要はありません。

まずは、「そうだよね。わかるよ」と気持ちを受け止めてあげることが先決

です。そして、きちんと「お仕事に行ってくるよ」「ちゃんと帰ってくるよ」と伝えてあげてください。

子どもに泣かれると困るからと、ちょっとよそ見をしている隙に、サーッといなくなる親御さんがよくいますが、これは逆効果です。ただでさえ不安になっているのに、突然ママやパパが消えたら、子どもはパニック状態に陥って、さらに大泣きしてしまいます。

言葉がわからなくても、ママやパパがスタッフとにこやかに話しているのを見れば、子どもは「あ、ここは安全な場所なんだ」とわかります。子どもともスタッフとも、きちんとお別れをして、お出かけください。

2. お友だちのおもちゃを奪ってしまった

お友だちとおうちで遊んでいたら、お友だちが遊んでいたおもちゃを取りあげて、泣かせてしまった！　とはいえ、まだ「誰の物」という概念もあいまいな子どもたち。どんな言葉をかければいいのでしょう？

△「こら！　取っちゃダメでしょ！」

△「なんで人の物を取るの？」

○「そっか、これで遊びたかったんだね。でも、○○ちゃんが遊びたいんだって」

○「こっちのおもちゃで遊ぶのはどうかなあ？」

子どもの気持ちを言葉にし、取った子にも取られた子にも、両方の気持ちに寄り添う

おもちゃの取り合いは、保育園でも一番よくあるトラブルです。一見、おもちゃを奪《うば》った子が悪いようですが、子どもからすれば、目の前にパッと魅力的なおもちゃが現れたから、反射的に手に取っただけです。まだ「誰の物」という概念もなく、「貸し借り」もわからない段階であれば、悪いことだと認識できません。それなのに、頭ごなしに「ダメでしょ！」と叱ると、子どもはとても傷つきます。

まずは、取られた側の子どもに「ごめんね、急に取られちゃったら悲しいよね」と言い、取った子にも「これを貸してほしかったんだね」と気持ちを言葉にしてあげます。どちらの子どもの気持ちにも寄り添ってあげるのです。

そのうえで、「○○ちゃんは、まだおもちゃで遊びたいんだって」と相手の

子におもちゃを返し、自分の子には他のおもちゃを勧めます。どうしてもお友だちのおもちゃを欲しがる場合は、「あとで貸してくれるまで待ってみる?」「『貸ーしーて』って一緒に言ってみる?」などと言います。「これで遊びなさい」とか「貸してって言うのよ」などと押しつけるのではなく、「どうする?」と、子どもに選択権を与えることが大切です。

おもちゃを取られてしまった場合も同じです。「いっぱいあるんだから、貸してあげなさい」「他のおもちゃで遊べばいいでしょ」などと言うのはいけません。「他の物でもいい」というのは大人の勝手な価値観であり、その子は、そのおもちゃがいいのです。「どう? 1個だけ貸してあげられる?」などと気持ちを尊重した言い方をしましょう。

3. お友だちを叩いてしまった

ふと見たら、自分の子がお友だちを叩いたりつねったりしている！　ケガをさせたら大変、と焦って、思わず叱ってしまう人がほとんどでしょう。安全を確保するのは第一として、どんな声がけが正解なのでしょうか？

△「何やってんの、やめなさい！」

△「人のこと叩くなんて、悪い子ね！」

←

○「叩くとイタイイタイだから、やめようね」

○「どうしたかったの？　なんで叩いちゃったのかなあ？」

悪いことは悪いと伝えつつ、子どもの気持ちを推察し、問いかける声がけを

まず、ケガにつながりそうな局面では、すぐさま「危ないよ!」とか「ストップ!」などと声をかけて、止めてください。危険を回避するためには、多少強めの言葉になるのもやむを得ません。子どもを抱っこして物理的に引き離し、行為をやめさせるのも有効です。

それから子どもの目を見て、「痛いからやめようね」と言います。悪いことは悪い、ときちんと伝えるのです。そのあとは、「叩いちゃダメでしょ!」などと行為にフォーカスするのではなく、「どうして叩いたの?」と気持ちにフォーカスすることが大事です。もちろん、相手の子には「痛かったね、ごめんね」と寄り添う言葉をかけます。

もしかしたら、子どもは暴力を振るうことで大人の気を引いているのかもし

れません。そこで「叩いちゃダメ」とくどくど言えば、「叩けば自分に注意を向けてもらえるんだ」と覚えてしまい、行為がエスカレートする危険性があります。

そこで気持ちに寄り添った声がけをするのですが、「どうしたかったの？」「なんで叩いたの？」と聞いても、子どもは自分の気持ちをうまく言葉にできないかもしれません。そういうときは、状況から推察して、「おもちゃを取られたのが嫌だったの？」「○○ちゃんに何か言われて悲しかった？」「合ってるかなあ？」などと問いかけます。

たとえ違っていても、いいのです。「私はあなたの気持ちをわかりたいんだよ」という思いが伝われば、子どもは「自分の気持ちが尊重されている」と感じることができます。それが自己肯定感を育てることにつながるのです。

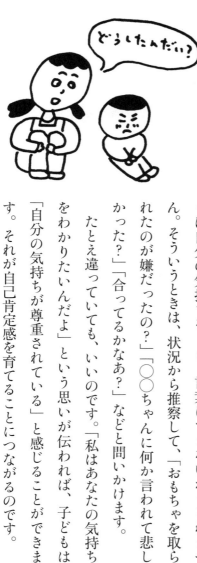

4．転んで泣き出してしまった

子どもはしょっちゅう転ぶし、どこかに体をぶつけます。心配してケガの様子を見ても、だいたい、たいしたことはないので、親御さんはいちいち心配しなくなるものでしょう。でも、子どもたちは、体よりも心のケアを求めているのです。

△「それくらいの傷で泣かないの！」

△「大げさだなあ、それくらいで泣くなんて」

←

○「ああ、痛かったね。びっくりしたよね」

○「もう大丈夫だよ。イタイのイタイの、飛んでいけ！」

大人の価値観で判断するのではなく、子どもが安心するまで抱きしめる

子どもが転んだりぶつけたり、お友だちに叩かれたりして泣くのは、痛いからだけではありません。予期せぬアクシデントにびっくりして、不安になるからです。

にもかかわらず、「それくらい、たいしたことない」と言われてしまうと、子どもは「自分はこんなに不安なのに、わかってもらえない」と感じます。自分が軽んじられていると思い、傷つくのです。

また、「大げさだ」とか「他の子は平気なのに」などと言われると、子どもは恥ずかしい思いをして、自己肯定感を持てなくなります。

どんな些細な傷でも、子どもにとっては重大事件だから泣いているのです。

ショックを受けているのです。大人の価値観で判断するのではなく、気持ちを受けとめて、寄り添ってあげましょう。抱っこしてあげて、泣き止むまで「大丈夫だよ」と言って背中をさすり、安心させてあげましょう。

悲しいとき、辛いときに、思いきり気持ちをぶつけられる大人がいることが、子どもの自己肯定感を育むうえで、とても重要です。そうして自己肯定感がしっかり根付けば、転んでも泣かないたくましい子に育ちます。

5．汚い言葉を何度も口にする

おしゃべりが達者《たっしゃ》になってくると、どこで覚えたのか、「バーカ、バーカ」「死ね、死ね！」などという言葉を頻繁《ひんぱん》に口にすることがあります。人前では恥ずかしいし、なんとかやめさせたいけれど、意味がわかっているのか、いないのか……？

△「そんなこと言ったらダメよ！」

△「誰が言ったの？　そんな言葉」

←

○「そんなこと言われたら、ママ悲しいな」

○「パパは、そういう言葉はあんまり好きじゃないな」

「あなた（You）」ではなく「私（I）」を主語にする「アイ・メッセージ」で伝える

まだ言葉の意味がよくわからない乳児期でも、テレビから、あるいは上の兄弟との会話から、好ましくない言葉を覚えることがあります。どんな意味かわからなくても、言えばママやパパが困った顔をして面白いから、「使っちゃおう」となるのです。そこで「ダメよ！」「やめなさい！」と止められると、余計に面白がって繰り返してしまうことも、ままあります。

2歳までの乳児期は、言葉じたいにこだわるのではなく、サラッと「そんなこと言われたら、悲しいな」「その言葉は好きじゃないな」などと言うのがよいでしょう。「そんな言葉を使うなんて、悪い子ね」と「あなた（You）」を主語にするのではなく、「私は悲しい」「私は好きじゃない」と、「私（I）」を主語にする「アイ・メッセージ」で言うのがポイントです。子ども自身がダメな

のではなく、その言葉がダメなのだと伝わります。「そんなこと、誰が言ってたの？」と追及して、「お兄ちゃん？　ダメなお兄ちゃんね」などと言うのもいけません。悪いのは人ではなく、言葉だとわからせるためです。

3歳以上で言葉の意味がわかる子だったら、なぜその言葉を使ってはいけないか、話して聞かせます。「死ねって言われたらどう思う？」「そう、嫌な気持ちになるよね」「じゃあ、言っちゃダメだよね」など。逆に、良い言葉を言ったときには「あ、素敵な言葉が聞こえてきた！　良い気持ちになったよ」と言って喜ばせてあげましょう。

6. みんなと一緒に行動できない

お友だち一家と遊びに行って、みんなで移動するときやご飯を食べるとき。自分の子だけ他のことをしていて、みんなと同じにできないと、恥ずかしく、いたたまれないものですよね。そういうとき、子どもの自主性を尊重しつつも、行動をうながすことはできるのでしょうか？

△「なんでみんなと一緒にできないの？」

△「ほら、他の子はちゃんとやってるでしょ」

○「（あらかじめ、時計を指して）長い針が6のところに来たら、出発だよ。楽しみだね」

○「○○ちゃんたちが一緒にご飯食べたいって。ご飯のあとで続きをしようか」

子どもの「やりたい気持ち」を汲み、満足するところで区切りをつける

「やりたいことを、やりたいときに」というのが個性を伸ばす子育ての基本ですが、団体行動をしなければならないときも当然あります。一人でボーッとしていたり、他の遊びに夢中になっていたりしてもいい場面であれば、見守ってあげたいところですが、そうもいきません。

「他の子はできるのに、なんでできないの？」などと比較するのは、子どもに恥ずかしい思いをさせることになるので、やめましょう。もちろん、「○○しなさい！」と無理やり従わせるのもNGです。

そういう子は、今、目の前にやりたいことがあって、他のことはしたくない

のです。たとえば、ブランコに夢中で、ご飯を食べに行きたくないとき。その気持ちを無視するのではなく、「ご飯のあとでもう1回やろうね」などと言って、寄り添う姿勢を見せます。

どうしても中断するのを嫌がる子には、「そうだよね、ブランコがやりたいんだよね」と言葉に出して共感の意を表します。そのうえで、「じゃあ、あと1回だけね」と、区切りをつけてやらせてあげます。子どもは、「やりたい気持ち」を汲《く》んでもらえたことで、ある程度満足します。

あらかじめ、予定を伝えておくのもいい方法です。「○時になったらご飯に行くよ」と言っておけば、心の準備ができて、「それまでは遊んでおこう」と区切りをつけられるかもしれません。親が「楽しみだね」と言っていれば、子どもも「○時から行くの、楽しみだな」とワクワクしてきます。

7. お友だちと遊ばず、一人ぼっち

公園などで自分の子だけお友だちの輪の中にいないと、「ケンカしたのかな」「仲間はずれにされているのかな」と心配になりますね。いつも一人で遊んでいるなら「コミュニケーション能力がないのかな」などと考えてしまいます。でも、子どもには一人で遊ぶ理由があるのかもしれません。

△「ほら、みんなのところに行って、一緒に遊びなよ」

△「一人ぼっちじゃさびしいでしょ？」

○「今日はお友だちと遊ばないの？　何かあった？」

○「そっか、本当は一緒に遊びたいんだ。一緒に行ってみようか？」

一人で遊ぶのが好きなのか、大人の手助けが必要か、子どもの性格や状況で判断

まず知っていただきたいのは、一人で遊ぶのは、悪いことでもさびしいことでもないということです。特に3歳未満の子どもは、言葉が未発達でもあり、まだ「誰かと一緒に何かして遊ぶ」いう発達段階にないかもしれません。

また、何歳であろうと、「一人でいるのが好き」という子もいます。にもかかわらず、「〇〇ちゃんに『入ーれーて』って言いなよ」とか「一人はつまらないでしょ」などと言うのは、子どもの個性を無視した「余計なお世話」です。その子の様子をつぶさに見守って、どういう個性を持っているのか、見極めることが大切です。

大人の手助けが必要かもしれないのは、いつもお友だちと遊んでいる子なの

に、一人だけ輪の中に入らないでいるとき。「どうしたの？」「何かあった？」と聞き出して、仮に「〇〇ちゃんとケンカしちゃった」と悲しそうに言うなら、「そっか、悲しかったね」と気持ちに寄り添います。そのあと、子どもの性格や状況にもよりますが、「どうする？〇〇ちゃんと仲直りしたい？」とか「ごめんねって言ってみる？」、「ママが一緒に行って、『あーそーぼ』って言ってみようか？」などと聞いてみるのもいいでしょう。

まだ一緒に遊びたくないかもしれないし、今日は一人でいたい気分かもしれません。親が先走って「〇〇ちゃん、うちの子と遊んでくれる？」などと言わないようにしましょう。

8. 片付けをしない

おもちゃを次々と引っぱり出して遊んでは、散らかしっぱなし……。2歳まではは仕方がないとしても、3歳以上になれば、自分で片付ける習慣を身につけてほしいもの。嫌がらずに片付けをするようになるコツを紹介しましょう。

△「ほら、ちゃんと片付けなさい！」

△「何度言ったらわかるの？」

←

○「さあ、10数えるうちに、何個片付けられるかな？ ようい、スタート！」

○「お、1個片付けられたね。ありがとう！ 助かったよ」

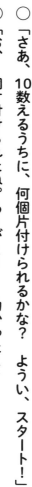

「スモールステップ・スモールサクセス」方式で、小さな達成感を感じさせる

2歳ぐらいまでは、「片付ける」という概念がないので、出したら出しっぱなしでも当たり前だと思いましょう。まだできないことを「やりなさい！」と言われるのは、大きなストレスなので、片付けられる段階かどうか、よく見極めることが大切です。

「片付けなきゃいけない」と理解しているのに、なかなか片付けない子どもには、片付けを「ゲーム」にして、遊びながら取り組ませるのがおすすめです。たとえば、キャラクターの絵を描いた袋を用意して、「さあ、◯◯マンにおもちゃをパクパク食べさせよう！」と言って袋に入れさせる。「10数える間に片付けられるかな？　いーち、にーい、……」とタイムトライアルにする。「片付けなさい！」と言っても全然動かない子も、ゲームにすれば、がぜんやる気

になります。

そうして片付けができたら、「片付けてくれてありがとう」「おかげでスッキリしたよ！」などと言葉をかけます。たとえ1個袋に入れただけでも、スモールステップ・スモールサクセス方式でほめてあげましょう。どれほど小さなことでも、「できたこと」を認めてあげて、達成感を持たせるのです。子どもは嬉しくなって、「もっと片付けよう」と思えます。

片付けに限らず、「何度言ったらわかるの？」という言葉はタブーです。「何度も言ったんだから、わかるはず」というのは大人の都合で、何度言ってもできないことがあるのが子どもです。「何度言われてもわからないあなたは、ダメな子ね」というメッセージを植えつけないように注意してください。

9．ご飯を食べてくれない

一所懸命作ったご飯を食べてくれず、イライラしてしまうことが、特に乳児期にはよくありますよね。親としては、「なんとしてでも食べさせなきゃ」と焦《あせ》りますが、ちょっと考えてみてください。今、どうしても食べなければいけない理由はありますか？

△「もう！　なんで食べてくれないの？」

△「食べ終わるまで、遊ばせないよ」

○「このニンジン、すごく甘いよ。ちょっと小さくすれば食べられるかな？」

○「そっか、今は食べたくないんだね。じゃあ取っておくから、食べたくな

ったら言ってね」

子どもが食べることに興味を持ったり、楽しくなるような声がけの工夫をする

子どもがご飯を食べないのには、いくつかの理由が考えられます。何か他のことに夢中になっていて、食事に興味が向かないから。嫌なことがあって機嫌が悪く、グズグズしたい気分だから。あるいは、いつも食べているものと色やにおい、食感が違うから不安になっているのかもしれません。お菓子をダラダラ食べていたから、お腹が空いていないのかもしれません。まずは今、本当に食事が必要かどうかを見極めましょう。

食事が必要な状態であれば、「食べなさい」と上から押しつける言い方ではなく、「これね、すごく良いにおいだよ」「お姉ちゃんがおいしいって言ってたよ」

「一口だけ食べてみる？」……。このように、子どもが興味を持てるような言葉をいろいろと試してみるといいでしょう。

一口しか食べられなくても、たとえ吐き出したとしても、スモールステップ・スモールサクセス方式でほめてあげます。「よくお口に入れられたね」「ママ、嬉しいよ」「次はもっと食べられるといいね」などと言って、できたことにフォーカスするのです。そのうちお腹が空いて食べるだろうから、無理じいをする必要はありません。

こどもヶ丘保育園では、0、1、2歳児クラスの食育の目標を「食事を楽しい雰囲気で味わうこと」や「いろいろな食材や調理形態に触れて味を楽しむこと」

としており、「全量摂取」は目標としていません。食べたくなければ、食べなくていい。無理に食べさせようとすれば、「食事を楽しむ」どころか、食べることに嫌なイメージができてしまいます。

「食べ終わるまで遊んじゃダメ」とか、「ご飯を食べなきゃイチゴをあげないよ」などという言い方もいけません。条件づけで仕方なく食べさせられていると、食べることが楽しいと感じられなくなり、自主的に食べるようにならないからです。事実として伝えるなら、否定形ではなく、「食べ終わったら遊ぼうね」と、肯定的に言いましょう。

10. ウソをつく

3歳以上になると、おしゃべりが達者になり、ときにはウソをつくこともあります。ウソをつくのは悪いことですが、感情的に叱るだけでは、子どもには伝わりません。それどころか、叱ることでさらにウソつきになってしまう可能性もあるのです。

△「なんでウソつくの！」

△「いつもウソつくよね。ママ、ウソつきの子は嫌い！」

←

○「ママ、ウソつかれちゃって悲しかったよ」

○「どうしてウソついちゃったのかなあ？」

アイ・メッセージで気持ちを伝え、ウソをついた理由を聞く

純真無垢だと思っていた我が子がウソをついたと知ると、ショックで感情的になってしまうもの。でも、そこで「ウソつき！」「ダメでしょ！」と感情のままに怒るのはやめてください。子どもがウソをつくのは、必ず理由があるのです。

理由も聞かずに叱られてきた子は、叱られたくないからウソをついているのかもしれません。やったことを反省するより、叱られたくないから「バレないようにしよう」と思う気持ちが先にくるのです。第2章でも述べましたが、そういう子は、学校の先生が見ていないときにいじめをするなど、隠れて悪いことをするようになりかねません。悪いことをしたときに頭ごなしに叱るのをやめて、まず「どうして？」と尋ねることを徹底しましょう。

ウソをついたときも同じです。「私（I）は悲しいよ」と、アイ・メッセー

ジで気持ちを伝えると同時に、「どうしてウソをついたの？」と聞き出します。行為の背景にある気持ちにフォーカスし、「あなたのことを理解したいんだよ」という思いを伝えるのです。子どもは「ウソをついた自分でも大事に思ってくれるんだ」とわかり、「どんな自分でも、ママは、パパは、愛してくれるんだ」という思いを強くします。そうなれば、自己肯定感が芽生えて、「悪いことは悪い」というしつけを素直に受けとめられるようになるでしょう。

逆に、「あなたはウソつきね！」「またウソついて！」などと言うのは、子どもの人格を否定する言い方です。悪いのは「ウソをつくこと」であって、子ども自身に自分は悪い子だと思わせてはいけません。

個性を伸ばす「声がけ」のケース・スタディは

いかがでしたか？　実際に子育てに奮闘している方は、「こんな理想どおりにいかないわよ……」と思われたでしょうか。

そう、子どもは理想どおりになんて動いてくれません。１００人いれば１００通りの個性があり、ここに掲げた声がけでは足りない子も当然います。繰り返しますが、あくまで目安であり、大事なのは一人ひとりの個性に合わせた対応をすることです。

我が子のことをじっくり観察して、今何が理解できるのか、どこまで言えばいいのかを見極めて、声がけをアレンジしたり、スキンシップをしたりしましょう。我が子に関しては、保育園よりも、ママ・パパのほうが「プロ」になれるはず。ときには感情的になってしまうこともあるでしょうが、そんなときは、「ごめんね、言い過ぎたよ。大好きだよ」とギュッとしてあげればいいのです。たった一つの個性を持つ子どもに、ぜひ温かい声をかけてあげてください。

第4章 子どもを伸ばす保育園

我が子の保育園、どう選ぶ？

待機児童数が多い東京都では、保育園の増設が相次いでいます。現代は共働きの家庭が多く、0歳から保育園に預けたい親御さんが増えているからでしょう。

選択肢が増えることは悪くないのですが、「どの保育園を選べばいいか」と悩む声もよく聞かれます。そこで、都内14カ所に保育園を運営する者として、保育園選びのポイントや、現代の保育業界事情などについてお話ししたいと思います。

ご存じの方も多いでしょうが、保育園には「認可保育所」と「認可外保育所」があります。認可保育所は、国が定めた設置・運営基準をクリアして都道府県知事から認可され、補助金が下りる保育所です。その基準は、施設の面積、保育士の人数、給食設備、防災管理、衛生管理など、多岐《たき》にわたります。

認可保育所には、市区町村が設置する公立保育所の他に、民間の社会福祉法人や企業などが運営する私立の保育園もあります。いずれも、入所するには市区町村への届け出が必要です。補助金によって保育料が安く済むことと、就学前までの長期間預けられるところが大きなメリットです。

ちなみに、就学前の子どもが通える施設には幼稚園もありますが、幼稚園が受け入れているのは3歳から就学前の子どもで、開園時間が14時までと短いため、両親ともフルタイムで働く家庭には不向きとされてきました。今は幼稚園にも延長保育があり、0歳から預けられる「認定こども園」（幼稚園と保育所の機能を持ち、地域の子育て支援も行なう施設）も増えているので、共働き家庭の選択肢は増えています。また、一般に「幼稚園は教育、保育園は保育」と言われてきましたが、最近はそうとも言い切れません。これについては、あとでお話ししましょう。

さて、近年、都市部を中心に急増しているのは、主に民間経営の認可外保育所です。3歳になったら認可保育所や幼稚園に移る子どもが多いことから、0～2歳児を対象としている施設が多いです。

認可外とはいえ、児童福祉法に定められた設置・運営基準をクリアしており、立ち入り検査なども行なわれているので、一概に認可より劣るとは言えません。国の基準に大きくは縛られず、自由な保育方針を追求することで人気を得ている施設もありますが、なかには保育の質に疑問符がつく施設もあり、玉《ぎょく》石混淆《せきこんこう》というのが実情のようです。

東京都は、2001年から独自に「認証保育所制度」を設けて民間保育施設に補助金を出しています。都市部で認可保育所を作ろうとしても、要件である広い面積を確保することが難しく、利便性の良い場所に預けたい利用者のニーズとマッチしませんでした。そこで、たとえば駅近のビルの1室など、利便性が高い場所に預けられるように、基準を緩和したのです。0歳から預けられ、原則1日13時間以上開園。A型（駅前基本型）とB型（小規模・家庭的保育所）があります。共働きの親が通勤前に預けて、帰宅前に迎えに行くのに便利な保育所です。

2015年には「子ども・子育て支援法」による「子ども・子育て支援新制度」がスタートし、民間の保育施設が市区町村によって「地域型保育事業」（保育所より少人数の単位で、0歳から2歳の子どもを保育する事業）の事業所と認証されるようになりました。認可外ではありますが、各自治体の事情に合わせた基準をクリアしていること、補助金があることで、認可保育所のような安心感があります。小規模保育事業（定員6～19人）・家庭的保育事業（定員5人以下）・事業所内保育事業（企業や病院などに設置する保育所）・居宅訪問型保育事業（子どものいる家に保育者が通う）の4種類があります。

まずは、お住まいの地域にどういう種類の保育所があるか調べて、保育料と立地（自宅の近くがいいのか、駅の近くがいいのか）や開所時間（何時から何時まで預けられるのか）を比較してみましょう。

アットホームな小規模保育園

認可保育所の定員は20人以上で、多いところでは１００人超の施設もあります。一方、地域型保育の小規模保育事業所は19人以下と決まっています。

0歳児を持つ親御さんは、たいてい認可保育所を希望します。その理由は、主に保育料が安価なこと、小学校に入るまでの長い期間預けられることです。0～2歳児専門の認可外保育所では、3歳になる前にもう一度「保活」をしなければならないので、最初から認可保育所に入れたい人が多いのです。また、認可保育所は園庭があり、施設が広いことも魅力でしょう。

しかし、認可保育所は、自治体によっては希望者が殺到し、相当数の人があぶれてしまいます。親の年収や仕事の有無、兄弟の有無などが審査され、「保育に欠ける事情」が少ない順に落とされるのです。2018年には、都内の待機児童数は5414人でした（東京都福祉保健局発表）。仕事を始めたいから保育園に預けたいのに、「保育園に預けられないから仕事ができない」という保護者の方がそれほど多くいるのです。

そこで、多くの人が認可保育所への入所を「待機」しながら認可外保育所を探すことになります。そのため、各自治体が受け皿として急ピッチで地域型保育事業所の設置を後押ししてきました。

こどもヶ丘保育園は都内に14園ありますが、認可保育所はオープンして間もない5園を含む6園があり、あとは地域型保育の小規模保育事業所です。そのほとんどが駅近のビルの1室で、園庭はありません。

ビルの一室の小さな保育所に我が子を預けるのは、「なんとなく不安」という人も少なくないでしょう。しかし、当園は多くの保護者の方から、「小さい園ならではの良さがある」という声をいただいています。

小規模保育事業所は、定員が19人以下と少数なので、家庭的な雰囲気です。前にも述べましたが、0〜2歳の乳児期は、自己肯定感を育む大事な時期です。子どもが心から安心して過ごせることが何より大切な時期ですから、アットホームな雰囲気であることはメリットと言えます。

都会ならではの温かい触れ合い

都市部のビルの中の保育園には、園庭がありません。その代わり、毎日、近所の公園へ散歩に行って遊びます。そういう保育園に対して、「のびのびと遊べない」「園外に出ていくのは危険」などと、マイナスのイメージを持つ人もいるでしょう。

確かに、公共の道路を通って公園に行くからには、細心の注意を払う必要があります。私たちの園では、子どもの列の前と後ろにスタッフがつき、お互いに「前を自転車が通ります」とか「後ろからバイクが来ます」などと声をかけ合います。そういうときは必ず一旦停止して、安全が確認できてから歩き出します。園内にいるときより一段と神経を使い、連携を強めているのです。

2019年5月、滋賀県大津《おおつ》市で散歩途中の保育園児の列に自動車が突っ込むという、痛ましい事故がありました。非常にショッキングな事故でしたが、おそらく保育スタッフは最善を尽くしていたと思います。あの状況では、大人の通行人でも避け難かったでしょう。そう言えるほど、保育に携わる人間は、園外活動に全神経を尖らせているものなのです。

私たちの保育園では、毎日、午前中に公園まで散歩をしますが、道中でたくさん地域の方と出会います。商店街の中を通るときなどは、お店の人がいつも、「こんにちは!」「今日はどこ行くの?」などと声をかけてくださいます。こういう温かい交流を持てるのは、都市部ならではかもしれません。

また、公園内では、他の園の子どもがいることもあります。近所の高齢者施設のおじいさん、おばあさんが来ていることもあります。そういう人たちと触れ合えるのも、園庭のない保育園ならではの良さです。

私たちは、0～2歳の子に「挨拶しようね」などとしつけのための声がけをすることはありません。でも、スタッフが笑顔で「こんにちは！」と地域の方と挨拶を交わしていると、子どもたちは自然と挨拶するようになります。「挨拶しなさい」などと言うより、大人が態度で示すことが大切だと実感させられます。

住宅街の中にある保育園では、「うるさいから」と設置に反対する声があった地域もあります。それでも、地域の方と良い関係を築くために、たとえば掃除をするとき、施設の前だけでなく、両隣や向かいの家の前の道路もきれいにするように心がけています。小さな命を預かる園として、地域との共存共栄を目指しています。

幸いなことに、今はどの園でも地域の方に温かく受け入れていただいています。すぐ隣に園芸店がある園では、プランターで育てているオクラの育て方について、アドバイスをいただくこともあります。都心の保育園でも、そんな温かい触れ合いがあるのです。

一斉保育か、自由保育か

保育園を選ぶ際、保育の方針や内容も気になるところでしょう。都道府県や市区町村の認可を受けている保育園は、いずれも国の指針に則《のっと》っているので、大きなずれはありません。一番大きな違いは、「一斉保育」か「自由保育」か、という点です。

前にもお話ししましたが、時間割どおりに全員で一斉に同じ活動をするのが一斉保育。バラバラに好きなことをするのが自由保育です。私たちの園では、「子どもひとりひとりの個性を尊いものとして認め、伸ばす保育」という理念に則り、自由保育を目指しています。

私の見たところ、一斉保育の園は、幼稚園に近い印象です。「11時になったら英語の先生が来るから、10時50分にはお片付けして、席に着きましょう」というように、学校の授業のようなタイムスケジュールをこなしています。特に最近は、幼児教育的なプログラムを取り入れる保育園が増えているので、余計にその傾向が強くなっています。

念のため補足すると、保育園は厚生労働省管轄《かんかつ》の児童福祉施設で、幼稚園は文部省管轄の教育施設です。幼稚園の先生は教職の資格があり、活動内容はより教育的だととらえられています。が、前もお話ししたように、近年は英語や体操など、幼児教育のような時間を設ける保育園もあるので、両者の境目はあいまいになってきています。

当園でも、保護者の方から「英語は教えないんですか?」とか「体操の時間はないんですか?」などと聞かれることがあります。そういった「目に見える力」を伸ばす保育方針のほうが、一般の方にはわかりやすいため、カリキュラムとして取り入れる保育園が増えているのだと思います。

しかし、私たちは幼稚園や幼児教室のような「教育」は、あえてしていません。「目に見える力」より「目に見えない力」を伸ばすことに注力したいからです。

第1章でお話ししたとおり、目に見える力は「認知的能力」、目に見えない力は「非認知的能力」と言い換えられます。特に0～2歳児は、自己肯定感を育んで非認知的能力を身につけるべき最も大切な時期だと考えます。それが人生の根本を支える「生きる力」だからです。

当園でも、遊びながらひらがなや数字を学ぶ機会がないわけではありません。しかし、それはあくまでも子どもの自主性を尊重したうえで、です。基本的には、いわゆる教育を受けさせるのは、自己肯定感が身についたあとで十分だと考えています。

英語の早期教育はホントに必要？

「目に見える力」、特に英語については、「幼少時から習わせなくては」と考える人が多いようです。英語だけは、「早く習わせないと、モノにならない」という説が根強く信じられているからでしょう。

この説は賛否両論あり、真偽のほどはわかりません。私個人としては、20歳を超えてから英語を習得したので、乳幼児期に習う必然性は感じません。英語であろうと何であろうと、子どもがやりたいと思ったときに学ばせてあげるのが一番だと思います。

子どもの心身が、知識や技能を習得するのに適した段階まで発達することを、心理学用語で「レディネス」と言います。レディネスが形成されていなければ、つまり学ぶための準備が整っていなければ、学習効率が悪く、かえって悪影響が出る場合もあるそうです。

レディネスが形成される時期は、子どもによって違います。ですから、一律に「英語はとにかくなるべく早いほうがいい」とは言い難いと思うのです。少なくとも子どもが「これ、やりたい！」と言い出すまでは、無理に始めさせなくてもいいのではないでしょうか。「やりたいときに、やりたいこと」をさせるのが、子どもにとっては一番吸収しやすく、ストレスもありません。当園の自由保育と同じ考え方です。

その「やりたい」という意欲を育てるのが、自己肯定感です。「このままの自分でいいんだ」という自信に満たされている子は、自ずといろいろなことに意欲的になれます。ですから、英語よりも何よりも先に、自己肯定感という目に見えない力を育てなくてはなりません。自己肯定感が育たないうちに英語などを学んでも、子どもの発達のマイナスになりこそすれ、プラスにならないように思います。

親としては、保育園で幼児教育をしてくれれば、他に教室に通わせなくていいから楽だし、お得だと思うでしょう。しかし、その教育が、本当に子どものためになっているのでしょうか？　個性や発達段階に合っているのでしょうか？　保育園を選ぶ際には、そういう点もよく吟味していただくといいと思います。

子どもの興味に応じた教育を

自己肯定感がきちんと育っている子は、意欲や積極性、協調性などの非認知的能力を身につけています。そういう子が、たとえば街中で外国人を見かけたら、勇気を出して「ハロー」と話しかけるかもしれません。非認知的能力を身につけていると、そういうときに勇気を出してコミュニケーションをとることもできるのです。

外国人から「ハロー」という言葉が返ってきたら、子どもは嬉しくなって、自信を持つでしょう。そこで「英語を習ってみたい」と言い出したら、それが英語を習う絶好の機会です。

「やりたいとき」に学んだことは、速く身につきます。自分が学びたいときに学べば、ぐんぐん上達するのです。保育園は、その前段階として、自己肯定感を育てるための場所であるべきだと私は思います。そのために、私たちの園では、子どもがのびのびと個性を発揮できる場所、心から安心できる環境を用意しているのです。

とはいえ、子どもの「やりたい」という意欲に応えるためであれば、保育に教育的要素を加えるのもやぶさかではありません。たとえば、トランプのカードや百人一首の札《ふだ》で遊んでいるうちに、数字や文字を覚えていくのは「あり」だと思います。普段の遊びの中で、子どもが自主的にグッズを手に取って、自然と知識を身につけていくのが理想です。

ゲームや遊びからは、社会的なルールなども自然と学べます。そういう知識欲が満たされると、「あれをやってみたい」「これを習ってみたい」と、他の学びへの意欲にもつながっていきます。

だから、そういうグッズを「取り入れたい」というスタッフがいれば、今後は取り入れていくかもしれません。ただし、大人が主導権を握って、「今日はこのカードを3枚覚えること」「これを数字の順に並べてね」などというように、一方的に学ばせることはやめてほしい。これだけは、園長やスタッフたちに重々お願いしています。

「ブラック保育園」は見学で見抜く

さて、保育園を選ぶポイントをいくつか挙げてきましたが、最も大切なことは、実際に見学に行かなければわかりません。保育方針やカリキュラムなどは書面でわかりますが、現場に行かなければ、その園の「真実の姿」が見えないのです。

見学に行ったら、どこをチェックするか。ずばり「保育スタッフの子どもへの接し方」です。園が表明している保育方針と、現場の実践が合っているかどうかを確認するのです。

たとえば、「子どもをのびのびと育てます」「個性を尊重します」と謳《うた》っているのに、「もう、ダメでしょ！」「早く席に着いて！」などと、上から押さえつけるような声がけをしていたら、広告どおりの保育園ではないということです。

我が子をのびのび育ててほしいと思うなら、スタッフが子どもに寄り添った声がけをしているか。子どもをしっかり見守っていて、必要な手助けをしているか。そして必要以上に手を出していないか。こういった点をチェックすることです。

それ以前に、雰囲気を肌で感じることも大切です。なんとなくギスギスした雰囲気の園は、おそらくスタッフ同士の人間関係が悪く、連携がきちんととれていません。子どもへの対応も、どことなくぞんざいで、一人ひとりと丁寧に向き合えていません。そんな保育園では、子どもも心から安心できず、のびのびと過ごせないのではないでしょうか。

今、都市部では新しい保育園が次々と開設され、保育業界は慢性的な人手不足に陥っています。子ども一人あたりの保育者（保育士の有資格者と無資格の保育スタッフ）の数は、認可保育所や地域型保育事業所であれば、国や市区町村の基準をクリアしているはずです。ですが、基準をギリギリ満たす程度の人数では、業務が回らない場面もあります。

一般に、保育の仕事は、重労働のわりに賃金が低く、ブラック寄りと言われています。子どもたちを常時ケアすることに加え、国や自治体に提出する書類づくりなどの作業が膨大にあり、長時間労働にもなりがちです。人数に余裕があればまだいいのですが、ギリギリの人数では、さらにブラック度が増します。

そうなると、どうしてもスタッフに時間的余裕がなくなり、一人ひとりの子どもに目が行き届かなくなります。精神的余裕もないので、皆がちょっとずつイライラして、人間関係も悪くなりがちです。それでは、スタッフ同士が協力すべき場面で協力し合わず、ますます保育の質が低下してしまいます。最悪の場合は、子どもの命に関わる事故が起こりかねません。

我が子を預ける保育園がどんな保育園なのかを見極めるために、ぜひ見学に行き、現場の空気を肌で感じていただきたいと思います。なんとなくギスギス、トゲトゲした雰囲気を感じたら、要注意。子どもがのびのびと過ごせないばかりか、安全面でも問題がある可能性があります。

保育の質を上げる「働きやすさ」

保育士は、一般に離職率が高い傾向にあります。その原因は、人間関係と労働環境の悪さにあると言われています。残念ながら、ブラック寄りの保育園は相当数にのぼるようなのです。

人手不足の業界ですから、人材の確保にはどこも苦労していると思います。「資格さえあれば誰でもいい」とばかりに、次々と新人を採用し、短いサイクルでどんどん人が入れ替わる園もあるそうです。

一方、こどもヶ丘保育園は、採用には慎重です。私たちの保育理念に本当に共感しているか、理念に沿った保育ができるかどうかという点を、さまざまな角度から検証して採用に至ります。そこが一致していなければ、私たちの目指す保育を実現できないからです。

幸いなことに、応募してきてくださるのは、保育に対する意識が高く、当園を理念で選んでくださった方が大半です。およそ3倍の応募がある中から選ばせていただいているので、かなり良い人材を獲得できているのではないかと自負しています。

入社してきてくれた保育士やその他のスタッフたちのために、私はいつも、働きやすい職場を提供したいと考えています。各園に基準より多くのスタッフを配置し、余裕をもって業務を行えるように心がけています。もちろん、突発的なやむを得ない事情で離職者が出ることもあります。その場合は次の保育士が決まるまで、一時的に皆で協力してカバーできる体制をとっています。また、休日出勤や残業などは極力なくし、福利厚生も充実させています。

なぜ、そこまでスタッフを大事にするのか。良い人材を確保するためだけではありません。スタッフの働きやすさは、保育の質の向上に直結するからです。

働きやすい職場なら、スタッフの心に余裕が生まれます。子どもたちの安全を慎重に見守ることができ、一人ひとりの個性を伸ばす対応ができます。心に余裕がなければ、たとえば子どもが自分から席に座るまで待てず、「はい、座ろうね！」と無理やり座らせてしまうでしょう。それでは、当園が目指す「子どもの個性を認めて、伸ばす保育」にはなりません。

スタッフ一人ひとりの心に余裕があれば、人間関係も良くなります。これもまた、保育の質につながる重要なポイントです。

保育士という職業の人たちは、基本的に責任感が強く、頑張り屋さんです。しかし、彼女ら、彼らも人間なので、感情の波もあれば、体の調子が悪いときもあります。そんなとき、自分一人で抱え込んで頑張りすぎて、心身ともに追い詰められてしまう人が多いのです。

人間関係の良い職場なら、そこで同僚や先輩に助けを求めることができます。あるいは、周りが気づいてくれて、「大丈夫?」「代わりにやるよ」と声をかけてくれます。

また、当園ではスーパーバイザーや園長が連携し、スタッフ一人ひとりの状態を注意深く観察し、声がけをしています。そうすることで、風通しが良く、なんでも言い合える関係を築いているのです。

人間関係の良い職場は、働きやすいことが前提です。働きやすい職場とは、同じ保育観を持った仲間と共に働けて、日々保育の質を高められる職場です。また、従業員の人数に余裕があり、有給休暇も取りやすい職場です。仕事中にイライラしなくてもいいことに加え、プライベートの時間が充実することで心の余裕ができ、人間関係が円滑になるのです。

人間関係が円滑になれば、スタッフはますます余裕をもって働けるようになり、子どもたちに温かい接し方をできるようになります。

働きやすい「ホワイトな」保育園には、このような好循環が生まれるのです。

スタッフの個性も認めて、伸ばす

繰り返しますが、私たちの保育理念は、こういうものです。

「子どもひとりひとりの個性を尊いものとして認め、伸ばす保育」

この理念は、実は子どものためだけではありません。大人のスタッフたちにも、個性を伸ばしてほしいという思いを込めています。

子どもが一人ひとり違う個性を持っているように、スタッフもそれぞれ個性があります。テキパキと効率的に作業をする人もいれば、驚くほどゆっくり、じっくり子どもに接する人もいます。保育のやり方だけでなく、性格もいろいろです。一人であれこれ考え込んで悩みがちな人もいれば、思いついたアイデアをすぐ提案する積極的な人もいます。

どちらが良い悪いということではなく、それぞれに違う個性を認め合うことが大事だと思います。

子どもは個性を認めてもらえると、のびのびと素質や能力を伸ばせる、と前に述べましたね。大人も同じです。持って生まれた個性を周りに認めてもらえれば、のびのびと仕事ができ、より能力を高めていくことができます。「そのままのあなたでいいんだよ」と、言葉でなくても空気で伝われば、嬉しくなって、高いパフォーマンスを発揮することができます。

そのために、私は保育園の活動をある程度、各園に任せています。日々の遊びや年間行事、備品や掲示物などを、園長やスタッフの「こういう園にしたい」という意志に任せているのです。同じ「こどもヶ丘保育園」でも、一律に同じことをしているわけではないのです。

スタッフが「こういう遊びをしたい」「こんなグッズを置いてみたい」など

とアイデアを出したら、保育理念からはずれない限り、なるべく採用してもらうように園長にお願いしています。子どもたちに「やりたいことを、やりたいときに」させているように、スタッフたちにも「やりたいこと」を自由にしてもらうのです。大人も子どもも、それが個性を伸ばすことにつながるからです。

そのうえで、保育理念に沿わない対応をしているスタッフがいれば、園長やスーパーバイザーから働きかけをしてもらいます。たとえば、テキパキしているけれど対応が事務的なスタッフがいれば、「急がなくていいから、もう少し子どもに丁寧に触れたり、温かい言葉をかけたりしてくださいね」などとアドバイスします。

逆に、丁寧だけれどゆっくりすぎて作業が遅れてしまう人には、「こういう声がけをすれば、もう少し子どもが積極的に動いてくれますよ」などと助言します。本人たちの個性を尊重して、やる気をそがないように声がけをすることが肝心です。

私は当社の経営理念として、「成長を喜びへ」という言葉を掲げています。人生において、自分を成長させることは、大きな生きがいだと考えています。大学を中退して単身アメリカに渡ったのも、自分を向上させたいからです。

そうして成長できたことは、喜びであり、今の私の自信になっています。ですから、スタッフのみんなにも、その喜びを感じてほしいのです。そのために、スタッフ一人ひとりの個性を認めて、成長をうながしていける会社でありたいと思っています。

「成長を喜びへ」という経営理念は、そのまま保育理念にもなります。子どもは、「もうお箸《はし》が使えるんだね」「一人でお着替えできたね」などと声をかけると、とてもうれしそうな顔をします。子どもにとっても、成長は喜びなのです。

保育園は「第二のおうち」

こうして考えてみると、子どもも大人も、本質的には変わらないということがわかります。子どもがのびのびと過ごせる保育園は、働いている大人にとっても居心地の良い場所と言えます。

崇高な理念を掲げて保育に力を入れていても、働いているスタッフが疲弊していたとすれば、良い保育園とは言えません。そういうところは、どうしても雰囲気がギスギスしてきて、保育にも悪影響を及ぼすでしょう。

その雰囲気を確かめるために、繰り返しますが、保育園の見学に行くことをおすすめします。大切な我が子を預ける園が、安心して過ごせる場所なのかどうか、ぜひご自身の目で確かめてください。

こどもヶ丘保育園は2010年からあります。2012年に私が譲り受けました。その保育園のコンセプトは、「第二のおうち」でした。自分の家のような安心できる雰囲気の中で、「家族のような保育をしよう」という主旨を掲げたコンセプトです。

その園は認可外でしたが、国の指針に従いつつ、スタッフたちが自由な発想で保育をしていました。今では考えられませんが、0～5歳の子を年齢別に分けるのではなく、同じ部屋で遊ばせていました。

一緒の部屋で遊んでいると、2歳児が1歳児におもちゃを貸してあげるなど、ちょっとしたお世話をします。お世話してもらった子は「ありがとう」と言い、言われた子はうれしくなり、家族のような温かい雰囲気が生まれました。保護者の方からも、「すごくアットホームでいいですね」という声をよくいただきました。

今は、すべて都道府県か市区町村の認可を得ている園なので、当時ほど自由にはできません。でも、あの頃の温かい雰囲気だけはずっと受け継いでいきたいと思っています。

現代は、夫婦共働きが当たり前になり、子どもを長時間、保育園に預けるご家庭が多くなりました。子どもが家で過ごすのは、平日は朝と夜だけ。その時間帯も、仕事をしている親御さんは、家事やら何やらでバタバタと忙しく、なかなか子どもとゆっくり過ごせないでしょう。社会情勢を考えれば当然の流れですが、今の子どもたちは、自分の家で落ち着いて過ごせる時間が少なくなっているのです。

だからこそ、保育園の役割が重要なのです。月曜日から金曜日は、子どもは毎日、保育園で8時間から11時間程度過ごし、遊んで、お昼を食べて、昼寝をします。ほとんど保育園で育つようなものです。

それほど長時間過ごす場所なのだから、ゆったり落ち着ける環境にしてあげたい。だから私たちは、「第二のおうち」を目指しているのです。

保育園の役目は、絶対的安心感

0～2歳は、人格や情緒が形成される大事な時期です。繰り返しになりますが、この時期に自己肯定感というピラミッドの土台を築くことが、成長してからの人生を大きく向上させます。

その大事な時期を過ごす保育園は、子どもが心底安心できる環境でなければなりません。親でなくても、親と同じくらい信頼できる人がいることが、その絶対条件です。

自分をいつもしっかり見ていてくれて、何かあったら守ってくれる。飛び込んでいけば、いつでも優しく抱きしめてくれる。失敗しても、悪いことをしても、変わらず愛してくれる……。そんな人が近くに一人いるだけで、子どもはどれほど安心できることか。その絶対的安心感を与えることが、保育者の、保育園の一番の役目です。

逆に言えば、安心できる人が一人もいない園は、子どもにとって悲惨です。毎日、長い時間を過ごす場所に、心でつながれる大人がいなければ、のびのびと個性を伸ばすことはおろか、安心して過ごすことができません。一見、楽しく遊んでいるように見えても、内心はビクビクしていたり、不満がくすぶっていたりするかもしれません。

そういう子は、自己肯定感が十分に育たないまま年齢を重ねるので、生きる力が乏《とぼ》しい大人になってしまいます。最後まで頑張れない。ガマンできない。他人を信じられない。すぐキレる……。皆さんの周りにも、そういう生きづらさを抱えた大人がいるのではないでしょうか。

我が子に生きづらい人生を歩ませないために、ご家庭の子育てはもちろんですが、保育園選びにも関心を持っていただきたいと思います。

保育の本質は、永遠に変わらない

私は経営者として、今、保育の現場で何が起きているのか、保護者が保育に対してどういう目線で何を求めているのか、常にアンテナを張っていなければならないと考えています。そうしなければ、激しい時代の変化に置いていかれてしまうからです。

今は待機児童が問題になっているので、保育園を作れば、たいてい定員が埋まります。しかし、長い目で見れば、子どもの数が減っているわけですから、保育園が定員割れして、淘汰《とうた》される時代が来ると思います。

２０１９年10月からは、幼児教育・保育無償化が始まります。恩恵を受ける家庭はまだ限定的ですが、今後広がっていく可能性はあります。そうなると、保育業界の競争はますます激化することが予想されます。各保育園は、他の園との差別化をはかることに注力して、「どういうサービスがあるか」「どういうカリキュラムか」などをアピールするようになるでしょう。当園も、時代のニーズに合わせて、何かしら変化する必要があるかもしれません。

しかし、保育において最も大切なことは、おそらく永遠に変わらないと思います。それは、「個性を認めて、伸ばす」ことです。

いつか、保育園で英語やお絵かきなどを教えるのが主流となる時代が、来るかもしれません。それでも、大人になったときに幸せになれるのは、乳幼児期に個性を尊重された子だと思うのです。粘り強い力で物事を解決していける人、困難があっても生き残っていける人になれるのは、土台に自己肯定感をしっかり築いた子だと思うのです。

だから私は、時代の変化をキャッチしつつも、「個性を認めて、伸ばす保育」だけは変わらず続けたいと思っています。厳しい時代だからこそ、「子どもを伸ばす」という保育の本質を見失わず、「第二のおうち」であり続けたいのです。

保育園を探している皆さんも、我が家の子育てに、何が一番大切か、じっくり考えてみてはいかがでしょうか。そうすれば、おのずと選ぶべき保育園像が定まってくるはずです。

おわりに

最後までお読みくださり、ありがとうございました。「個性を認めて、伸ばす」という私たちの保育理念と取り組みについて、共感していただける部分はありましたか？

今回、本書を執筆するにあたり、私自身の人生についても、いろいろと思い返すことがありました。おしまいに、その個人的な思い出についてお話しさせてください。

本編でも述べたとおり、私は青森の高校を卒業後、関東の大学へ入学しました。が、ほどなくして周囲の学生の緩《ゆる》い生活態度に失望し、わずか半年で退学してしまいました。

地元に帰ったら、友人たちは皆びっくりして、「どうして？」「なんで？」と大騒ぎです。厳しい受験勉強の末に、晴れて大学生になった矢先ですから、当然でしょう。

しかし両親は、私の突然すぎる勝手な決断について、何も言いませんでした。「お前が決めたことなら、間違いない」と、無条件で私の意志を尊重してくれたのです。これは、本当にありがたいことでした。

思えば、私は子どもの頃から、親に「ああしなさい」「こうしなさい」と言われたことがあまりありません。「やりたい」と言ったことはたいていやらせてくれたし、やりたくないことを押しつけられることもありませんでした。

それに対して私は、自分で言うのもなんですが、「やりたい」と言ったことは必ずやり遂げる子どもでした。朝早く起きて勉強すると決めたら、それが習慣になるまでやり続けました。親が自分を尊重してくれるからには、「それに応えなければならない」と、子ども心に感じていたのだと思います。

そんな子ども時代があったので、両親も、「お前が決めたなら」と、私の決断を認めてくれて、信じてくれたのです。こんな信頼関係を築けたのは、親が私の個性を認めて、伸ばしてくれたからにほかなりません。そのことに、今回、気づかされました。

私が今、14の保育園を経営する会社の代表となり、自分の夢を実現しつつあるのは、親が私の個性を潰《つぶ》さず、自己肯定感を育ててくれたおかげです。改めて感謝するとともに、個性を伸ばすことの大切さを痛感しています。

皆さまの目の前にいるお子さんも、個性を認めて、伸ばしてあげてください。人生を力強く切り開いていける大人の土台を作ってあげてください。

本書を読んでくださった皆さまが、子どもの個性の大切さに気づき、日々の子育てに生かしてくださることを、心から願っています。いつか、それが日本全体に波及し、誰もが生き生きと個性を発揮できる社会になったら……それが、私の一番大きな夢です。

２０１９年７月　竹居《たけい》　正《ただし》

「伸《の》ばす」保育《ほいく》で“やりたい”がのびのび育《そだ》つ

令和元年 8 月10日　初版第 1 刷発行

著　者　竹《たけ》居《い》　正《ただし》

発行者　辻　浩明

発行所　祥《しょう》伝《でん》社《しゃ》

〒101-8701
東京都千代田区神田神保町3-3
☎03(3265)2081(販売部)
☎03(3265)1084(編集部)
☎03(3265)3622(業務部)

印刷・製本　堀内印刷

Printed in Japan　©2019 childvision
ISBN978-4-396-61697-7 C0095
祥伝社のホームページ・http://www.shodensha.co.jp/